陕西历史文化名镇系列丛书

青木川古镇

史怀昱 主编
王英帆 汪洋 副主编

陕西省城乡规划设计研究院 组织编写

中国建筑工业出版社

《青木川古镇》本书编写组

主　　编　史怀昱
副 主 编　王英帆　汪　洋
编写人员　魏　博　赵海春　高燕妮　樊　骋　王莉莉
　　　　　　崔　羽　田　延　高金龙　刘文强　贺一鸣
　　　　　　杜　倩　李佩原　马重骏　赵雨时　赵　翮
　　　　　　强紫嫒　刘稳定　袁　炜　熊彤鑫　宋　玢

前言

改革开放以来,我国历史文化名镇保护工作取得很大成绩。特别是党的十八大以来,以习近平同志为核心的党中央高度重视历史文化遗产的保护传承。认真做好这项工作,是我们义不容辞的责任。

近年来,我院全方位参与全省历史文化名镇保护工作,立足业务职能,对历史文化名镇保护利用提供全过程服务。先后承担了青木川、高家堡、蜀河、熨斗等镇的保护规划编制工作,系统掌握名镇保护管理、规划建设等现状,积累了详实的资料和丰富的设计经验。通过编纂成书,用文字、图片将历史文化名镇的原貌和内涵记录下来,为保存和延续历史文化遗产的真实历史信息和独特价值做出努力。

青木川镇位于陕西省最西端,枕陇襟蜀,素有"一脚踏三省"之誉。城镇发轫于明中叶,成型于清中后期,鼎盛于民国,是羌汉杂居地区。现有大量保存完好的历史遗迹、如诗如画的山水意蕴、古色古香的民居院落、羌汉杂糅的民俗特色以及一代枭雄魏辅堂的传奇故事,使其在陕西诸多名镇中独具魅力。2008年,汶川地震导致青木川镇部分历史建筑受损,《青木川中国历史文化名镇保护规划》是我院支援青木川灾后重建规划任务中的一项重要内容,也是我院与青木川镇结缘伊始。十五年来我院长期参与青木川镇的规划建设工作,编制的多个项目荣获国家和省级优秀规划设计奖。十五年风雨历程,无论是灾后重建,还是政策推动,又或者旅游爆棚,在青木川镇发展的关键节点,我院始终通过规划引领,助力守护"古镇之魂",传承历史文脉,引导青木川镇健康可持续发展。

时光如水,日月如梭,十五年在历史的长河中只是沧海一粟,但要把2008年以来的工作成果如实反映出来,确又存在不少困难。本书编纂工作启动以来,为系统记述青木川这座百年古镇的古今变迁历程,提炼青木川历史文化名镇保护的经验和特色，我们汇总整理了历次调研的图片，还有历版规划的成果及基础资料。为抢救挖掘留存古镇历史文化记忆，我们还挨家挨户登门拜访群众，解读碑刻，翻阅上百年的族谱资料，还原了青木川挥之不去的桑梓故土情怀和乡愁记忆。通过两年多的实地访谈、资料查阅、编辑成文、意见征询，最终编纂出版，旨在为读者呈现一个全方位、立体鲜活的青木川。

盛世修典，和世存典。本书的编撰，系统地挖掘、梳理有关青木川镇的史料，全面、客观、系统记述青木川历史文化名镇的发展历程与现状。希望以书籍的形式固存下来、传承下去，以利于抢救和保存传统文化、乡土文化、民俗文化，留住乡愁，传承好历史文脉并能开发利用好古镇的历史文化资源。

归纳本书的三个特点，即"特色性""真实性"和"可读性"。首先，通过对古镇现场走访、翻阅文献，发现青木川古镇的"特色性"包括：拥有一条形似卧龙800米长的回龙场老街，老街两侧上筑有253栋各式各样的房屋；有建筑遗产魏氏庄园；有记载着青木川先进办学理念的辅仁中学。这些都是其他地方少有甚至没有的特色。其次，立足古镇历史，坚持"真实性"。对一些有价值的但无法查实的素材，找镇政府、原当事人、知情人了解核实情况，千方百计查阅原始材料，不厌其烦地追根溯源，坚决做到"无证不书"、"孤证不书"、不漏不滥、慎重处理。最后，精心组织文字，增强"可读性"。我们在编撰工作中，特别注意编排灵活、文字生动、图文并茂，并增加一些典型故事叙述，增强了本书的趣味性。希望可以让更多读者了解这些尚不被人知晓的历史文化遗产，进而保护它们，并合理利用它们。

史怀昱

目 录

前言

第一章 名镇档案

一、基本信息　　　　　　　　　　　　002
二、名称溯源　　　　　　　　　　　　002
三、自然环境　　　　　　　　　　　　002
四、文化基因　　　　　　　　　　　　003
五、历史人物　　　　　　　　　　　　016
六、规划建设　　　　　　　　　　　　020

第二章 名镇空间

一、名镇选址　　　　　　　　　　　　026
二、空间演进　　　　　　　　　　　　030
三、空间布局　　　　　　　　　　　　036
四、空间肌理　　　　　　　　　　　　040
五、竖向空间　　　　　　　　　　　　050

第三章 回龙场老街

一、传统街巷空间　　　　　　　　　　056
二、传统商业建筑　　　　　　　　　　072
三、保护与传承　　　　　　　　　　　094

第四章　魏氏庄园

一、历史溯源　　　　　　　　　　　　　　　102

二、周边环境　　　　　　　　　　　　　　　103

三、空间解析　　　　　　　　　　　　　　　106

四、保护与传承　　　　　　　　　　　　　　130

第五章　辅仁中学

一、历史溯源　　　　　　　　　　　　　　　136

二、周边环境　　　　　　　　　　　　　　　139

三、空间解析　　　　　　　　　　　　　　　141

四、保护与传承　　　　　　　　　　　　　　154

第六章　装饰艺术

一、基本分类　　　　　　　　　　　　　　　160

二、主要内容　　　　　　　　　　　　　　　160

第七章　名镇展望

一、理念与管理　　　　　　　　　　　　　　176

二、保护与传承　　　　　　　　　　　　　　184

参考文献

后记

第一章 名镇档案

青木川镇隶属陕西省汉中市宁强县,文化资源丰富,自然禀赋优良,是始于春秋、发轫明清的百年名镇,2010年荣获中国历史文化名镇称号。青木川镇是群山萦绕、水系交错的世外桃源,是秦蜀通衢、汉凤羌道的川蜀驿站,是商贾云集、兴盛一时的传奇之地。

一、基本信息

青木川镇地处陕、甘、川三省交界，有"一脚踏三省"之说，其东、南临宁强县安乐河镇和广坪镇，西邻四川省广元市青川县，北倚甘肃省陇南市康县和武都区，距西安市约480km，距九寨沟风景名胜区约240km，是陕西省最西南的一个镇。镇域面积208km^2，常住人口七千余人，下辖南坝村、青木川村、东坝村、玉泉坝村、蒿地坝村5个村48个村民小组。2021年生产总值10.52亿元，旅游业贡献率80%以上，农民人均年纯收入12547元。农业以茶、菌、药、畜四大产业为主。

二、名称溯源

青木川镇历史悠久，最早可以追溯到春秋战国时期白马氐部落。明正统年间，因自然灾害和赋税，难民集聚至此，沿河形成聚落，名为草场坝；明成化年间，湖北、四川、甘肃村民陆续迁入，村庄规模持续扩大形成集镇，因修建回龙寺院取名回龙场，后改名为永宁里。清光绪十四年（1888年），以当地一颗大青木树为象征，改名为青木川。民国时期，在此设乡建置，以境内海拔最高山取名，命名为凤凰乡。1996年，撤乡建镇，玉泉坝乡并入青木川乡，设立青木川镇，名称沿用至今。

三、自然环境

青木川镇位于秦巴山区内，地势北高南低，山峦起伏，山间峡谷多川道，境内有凤凰山、龙池山、笔架山等诸多山峰，海拔1700~2100m。气候属湿润性季风气候，温凉潮湿，夏秋多雨，冬季多雪,年降水量900~1400mm,多年平均气温13.5℃,最冷月平均气温1.4℃,最热月平均气温23.6℃。镇内有广坪河、金溪河两条河流,依山势平行分布,小河沟纵横密布。

青木川镇生态禀赋优良,地上茂林嘉木,地下堆金藏玉,森林面积22万亩,植被覆盖率80%,其北部拥有一处国家级自然保护区,被业内专家誉为"天然的动植物基因库"。

境内野生树种、植被多达10科35属,其中珙桐、青钱柳、水青树、连香树、领春木五种植物是我国特有的珍贵品种。野生动物有国家一级保护动物大熊猫、金丝猴、羚牛、林麝、金钱豹、金雕,二级保护动物猕猴、红腹锦鸡、大灵猫、斑羚等17种。

四、文化基因

(一)物质文化

青木川镇因其独特的自然地理格局和区域位置,得以保存大量珍贵的物质文化遗产。现存完整的明清、民国建筑群,拥有全国重点文物保护单位2处,陕西省重点文物保护单位2处,此外还分布多处历史环境要素和传统风貌建筑,特色鲜明,具有较高的历史文化价值。(表1-1,图1-1)

青木川物质文化要素一览表　　表1-1

类别		内容
文保单位	国保单位	青木川老街建筑群、魏氏庄园
	省保单位	辅仁中学早期建筑、瞿家大院建筑群
历史环境要素		飞凤桥、辅唐泉、辅唐渠、铁索桥、回龙阁
尚未核定的不可移动文物		西沟古栈道

青木川老街建筑群，俗称"回龙场老街"，始建于明成化年间，曾是陕甘川三省交界处最负盛名的商贸重镇，建筑群依山傍水，东西蜿蜒延伸800多米，街巷宽4米，占地约4万余平方米。2013年3月，青木川老街建筑群被国务院公布为第七批全国重点保护单位。

魏氏庄园为清末民初当地乡绅魏辅唐的府邸，是魏辅唐当权时期生活起居、处理事务的地方，见证了魏氏家族的兴亡盛衰。庄园分为老宅和新宅，呈"田"字建筑格局。老宅始建于1927年，建成于1929年；新宅始建于1932年，建成于1934年。庄园占地2413m²，建筑长56m、宽48m、高7.25m（2层），建筑面积6085.6m²。2013年3月，魏氏庄园被国务院公布为第七批全国重点文物保护单位。

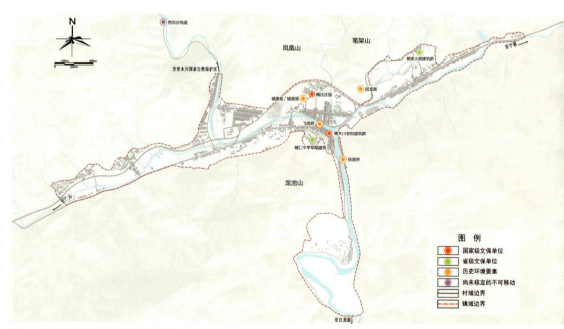

图1-1 青木川物质文化遗址分布示意图

辅仁中学，原名"私立辅仁初级中学"，始建于1942年，建成于1947年，占地面积50亩。2008年受"5·12"汶川地震影响，学校礼堂以及礼堂西侧的一座建筑损坏严重，后维修重建，但学校功能一直沿用至今，目前为公办全日制完全中学。2008年9月，辅仁中学被公布为第五批陕西省文物保护单位。

瞿家大院为魏辅唐五姨太瞿瑶璋的故居。据碑刻记载：瞿氏一脉源于山西省洪洞县，八世祖于清康熙四年（1665年）移居于此，历经清代、民国，已350余年；修建瞿家大院耗银8000余两，占地3300m^2，分东、西院及祠堂等四套院落，房屋63间。汶川地震导致瞿家大院损毁严重，后耗时六年重建。现状瞿家大院是两进四合院，传统悬山顶，手工雕花脊，屋面是人字形小板瓦，主体为抬梁式木结构，以一层建筑为主，墙体采用骨架镶嵌木板或土坯结构。廊枋雕梁、窗扇精刻，皆饰以人物故事、飞禽走兽或卷草花卉，形象栩栩如生。2018年9月，瞿家大院被公布为第七批陕西省文物保护单位。（图1-2~图1-5）

飞凤桥，又名"风雨桥"，位于金溪河上，是魏氏庄园与回龙场老街的重要连接，长约30m，始建于1938年，早年称"济川桥"。1952年被洪水冲毁，1957年夏秋之季重建，在原来柱墩基础上用圆木作桥梁，在桥梁上铺木板，建成两旁廊柱栏杆，顶上盖瓦坐脊，2002年依原样进一步加固结构，改建为水泥桥，并更名"飞凤桥"。（图1-6）

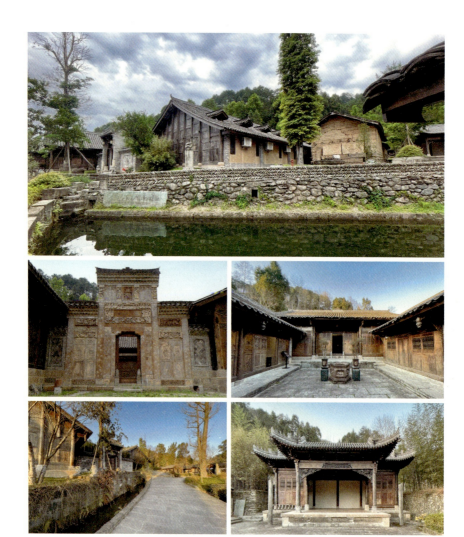

图1-3 瞿家大院内部

图1-4 "瞿氏祠记"石碑
正面（左）、背面（右）

图1-5 "庭训遗嘱"石碑
正面（左）、背面（右）

图1-6 飞凤桥

辅唐泉,始建于1937年,位于魏氏庄园南侧,源头在1km外的山岩中,用地下暗道引流至此,此暗道被称为"辅唐渠",暗道上覆土植树,很难看到水流。此泉天干雨淋不浑浊,水位稳定,可供200多人饮用。如今虽自来水普及,但人们对泉水依然情有独钟,故有"莫道济南趵突水,更有魏公辅唐泉"之说。(图1-7)

回龙阁,明朝回龙寺旧址,因寺庙年久失修,原址建造回龙阁——2层12m高的钢筋混凝土建筑,占地面积约80m²。关于回龙寺有一段民间传说:有一条环抱小镇的山脉由东南蜿蜒起伏向北,中途又直向镇中心奔来,至河东岸又猛然回首北望,宛若游龙,于是人们在其颈部建造一间寺庙,取名回龙寺。(图1-8)

图1-7 辅唐泉

图1-8 回龙阁

西沟古栈道位于青木川镇西北部上西沟，距离镇区约5km，是一段通往甘肃的商运古栈道遗址。始建于清道光年间，当时沿河顺崖在岩石上开凿上行阶梯15级、下行阶梯44级，阶梯长度0.9~1.3m不等。现石梯旁尚存10余个护栏的主柱孔眼，是当年栈道上搭板铺路栽柱的遗迹。

（二）非物质文化

青木川镇非物质文化种类繁多，可划分为民间艺术、传统习俗、特色饮食和艺术作品四个版块。民间艺术形成以傩文化为代表，羌绣、剪纸、古建筑及器物雕刻等为基础的文化艺术体系；传统习俗主要包含寿诞、丧葬、民俗节庆、礼仪等；特色饮食充分体现本土特色、适应当地气候，形成以酸菜及由酸菜派生的酸味食物、植物"蕨"为原料的食物；艺术作品形成以《青木川》为代表的文学作品和以《一代枭雄》为代表的影视作品等。（表1-2）

非物质文化要素一览表　　　　表1-2

类别	内容
民间艺术	傩戏、羌绣、雕刻、剪纸等
传统习俗	寿诞、丧葬、民俗节庆、礼仪等
特色饮食	辅唐宴（"十三花"）、菜豆腐、根面角、凉粉、米豆腐、野生鱼、回龙鱼等
艺术作品	《一代枭雄》《青木川》《青泥何盘盘》等

傩戏是汉族最古老的一种祭神跳鬼、驱瘟避疫、表示安庆的娱神舞蹈,曾广泛流行于安徽、江西、湖北、湖南、四川、贵州、陕西、河北等地区。改革开放以后,傩戏表演已由祭祀仪式,演化为民俗活动、旅游节目中的舞蹈节目或民俗展示。

羌绣,是羌族的刺绣艺术,绣制以老带少,不画草图,历久成俗,经千年的传承和发展,形成风格独特的绣中精品。青木川镇的羌绣,明清时已盛行,刺绣图案多取材自然物景,如日月水火、山石田土、花鸟虫鱼、福禄寿喜等寓意美好的图形,涵盖平绣、堆绣、挑绣、扎花、纳花、勾花等多种针法,其绣品内容丰富,有头帕、腰带、香包、围裙、鞋垫、袖口等生活用品。刺绣花纹有万字格、轱辘圈、尖菊花、圆菊花、鱼鳞甲、水波云等,图案栩栩如生,刺绣内容一般寓意吉祥如意、花好人和。(图1-9)

图1-9 羌绣

青木川镇木构建筑的隔扇门、门簪、什锦窗、倒挂莲花、柱础、额枋、斗拱、平斗、花板、廊栏、雀替等构件上面都有木刻。其木刻木雕样式繁复，有冰裂纹、卷草纹、如意云头纹、祥云纹、雷纹、回纹、卍字纹等，也有如意形、拐子龙形、菱形、天圆地方形、拱形等多种样式。除建筑构件，家中木器家具、水缸等也有以雕刻为装饰的，主要的图式有双狮绣球、福（蝠）在眼前（钱）、麒麟献瑞、麒麟送子、凤穿牡丹、双龙戏珠、丹凤朝阳、龙凤朝阳、三帝出巡、状元及第、卷草腾龙、聚宝盆、福禄寿三星、三星高照等。

青木川气候寒冷潮湿，长期形成以"酸"为特色的饮食，当地有"三天不吃酸，走路打蹿蹿"的说法。一年四季的日常饮食中，酸菜不离，如菜豆腐、浆水面、苞谷面搅团等。另外，常以"蕨"为原料制作蕨根粉（根面），按照不同的方法做成丸子、疙瘩、粉皮、粉丝等多种类型，也可做成"根面角"，形似半月，呈浅褐色，半透明状，皮柔馅香，蘸上酸辣汁等调料食用，鲜而不腻。

依托青木川丰富的民俗故事和传奇人物，近代以来孕育出了丰富的艺术作品，诗歌、散文、小说、影视作品等数量众多；其中以书籍《羌族古墓青木川》和《青木川》、电影《青木川传奇》、电视剧《一代枭雄》等最具有代表性。（表1-3）

艺术作品一览表　　　　表1-3

名称	时间	类别	出版单位	作者/导演
《响马传》	2005年	文学作品	《清明》第二期	叶广芩
《青泥何盘盘》	2005年	文学作品	作家出版社	刘建
《羌族古墓青木川》	2006年	文学作品	三秦出版社	孙启祥
《青木川》	2007年	文学作品	太白文学社	叶广芩
《落泪成金》	2008年	电视剧	西安电视剧艺术中心、净雅国际影视文化传媒有限公司	刘涛
《青木川传》	2011年	电视剧	北京天一视界国际传媒有限公司	广龙
《青木川传奇》，根据小说《青泥何盘盘》改编	2012年	电影	北京天一视界国际传媒有限公司	广龙
《风过菜花》	2013年	电视剧	中央新闻纪录电影制片厂（集团）、大汉慧泽国际文化传播（北京）有限公司	刘飚
《一代枭雄》，根据小说《青木川》改编	2014年	电视剧	上海新文化传媒集团股份有限公司、上海欢天喜地影视传播有限公司、北京鑫宝源影视投资有限公司	余丁、王雷
《青春约》	2017年	电影	—	—
《葬风雪》	2018年开机，拍摄	电影	汉中市九天实业有限公司，陕西乐煌影业有限公司，汉中白浪影视传媒有限公司	—
《秦巴之恋》	2019年	电影	陕西旅游集团影视文化公司	—

五、历史人物

青木川镇近百年间起起落落,诞生了魏辅唐、徐忠德等诸多传奇人物,其中最负盛名的便是魏辅唐。青木川在魏辅唐的带领下发展为商贸重镇,后又因叶广芩创作的小说《青木川》及改编的影视剧《一代枭雄》而逐渐发展为颇有名气的文旅名镇,上演着"一个人·一座城,一本书·一部剧"的传奇故事。

(一)一代枭雄魏辅唐(1902-1952年)

魏辅唐,清光绪二十八年(1902年)生人,名元贵,字辅唐,有兄弟三人,行三。16岁加入红帮,22岁杀死隔房舵爷成为红帮舵把子。1926年杀死青木川民团团总魏征先,次年顺势担任团总,实际控制着青木川,人称"土皇帝"。1952年判处死刑。1987年,宁强县法院对魏辅唐案重新审理,撤销1952年的刑事判决。

魏辅唐时期,青木川发展成为陕西西南边陲的商贾大镇,鼎盛时期全国有13个省份4000余人来此定居。魏辅唐起初依靠种植大烟,大量运往四川成都、重庆,返回时购买枪支弹药、日用百杂、皮革绸缎,获取暴利而发家。后续商贸物流规模扩大,成立商队,来往于三省,在青木川镇建立起"商业王国",娱乐、商贸、文化、金融场所等应有尽有,商业百货还经营时髦新鲜的外来物品,如印度"鹰牌"洋油(煤油)、洋胰子(香皂)等。

为维持地方治安、倡导发展、促进商贸，魏辅唐制定了一系列维"稳"的社会制度、促"商"的商贸制度、为"民"的金融制度，一定程度上促进了青木川镇当时社会经济的发展。（表1-4）

"定制"信息一览表　　　　　　　　　　　　　　　　　　　　　　表1-4

制度建设	具体内容
维"稳"的社会制度	设立戒烟所，禁止年轻人抽大烟，违者关禁闭或者罚款 女性骂街，以不守妇道论处，吊起来用萱麻打嘴 男性打架，以做苦工为处罚 青壮年醉酒乱闹，河边屎尿辱体 暗宿嫖娼戴尖帽游街、打扫厕所和街道
促"商"的商贸制度	禁止欺负客民，如本地人打外来人，要处罚本地人 若外地客商购货较多，派团丁一路护送到安全地区 税收方面，不论商品交易额，仅收本地商人税款 优化商业制度，促进商客消费，如烟馆根据商客的贫富分成三六九等，有包间、有上房、有通铺
为"民"的金融制度	辅友社为当地农民放贷款，用于经商、置业和农事生产 规定置业和经商必须付利息，农事生产视情况而定，当年丰收要付利息，欠收或遭灾第二年再付或减半付，如果接连遭灾，可免除利息，甚至本息全免

魏辅唐也很重视农业生产、文化教育和基础设施建设，兴修水利，开凿堰渠长度达5km；修桥筑路，修筑道路总长约3.5km；创办学校，培养了徐忠德等一批优秀学生。（表1-5）

"营城"信息一览表　　　　　　　　　　　　　　　　　　　　　　表1-5

制度建设	具体内容
兴修水利	1924年魏辅唐迁居水槽沟后，改修田地，沿河砌"拦河墙"，垦荒填沟扩大种植面积；后从赵家坝、沈家坝开堰，解决农业灌溉水源问题。10余年内，开凿堰渠长度达5km，灌溉面积近300亩。青木川解放以后，在原有基础上经过维修和改建，总长近10km，灌溉面积达2000多亩，至今依然发挥着不可替代的作用
修桥筑路	修筑"济川桥"；历年冬天发动民工整修东至广坪河，西至秦家垭的道路；同时在路边栽树，砍开山边密林大树，使其宽展豁亮，避免路旁潜伏土匪抢人；修筑道路总长约3.5km
创办学校	修建辅仁中学，陆续聘请教师20多名，培养了一批优秀学生前往四川大学、重庆大学、西北农大等高等学府深造

魏辅唐实际控制青木川期间，虽然促进了社会经济发展，但初衷皆为考虑自身利益，存在一定的历史局限性。魏辅唐代表的利益集团自定王法、兼并土地、种植鸦片、设立赌场、行污受贿等行为在青木川镇历史上留下了不光彩的记录。（表1-6）

"暴政"信息一览表　　　　　　表1-6

制度建设	具体内容
自定王法·生活奢靡	为巩固其统治权力，自定王法，私设公堂，滥用酷刑。有敢冒犯者，轻则罚款、挨打，重则杀头 先后娶回妻妾六房 搜刮民脂民膏，大兴土木，建有各式房屋200多间
兼并土地·苛捐杂税	大肆兼并土地，占有200多亩良田美地和大片山林，侵吞多处祠堂、庙宇、房产和地产 巧立名目横征暴敛，自行制定征收的苛捐杂税达8种
种植鸦片·设立赌场	因继父嗜赌如命，吸食大烟，导致家境贫寒，故魏辅唐痛恨赌博和吸大烟，虽禁止亲朋吸食大烟、穷人赌博，但却广种大烟，靠贩卖鸦片发财起家，维护统治 青木川的鸦片产业曾闻名于三省交界，青木川老街建筑群内曾设多处赌场，赚取客商钱财
官商勾结·行污受贿	"魏团总商队"中有2~3个礼师，手持注明品名的礼帖，于沿途分送各地方官员；沿途各地官员收礼后明知商队有运违禁品之嫌，也闭眼放行 为防经手人揩油，礼帖和礼物由不同的人分送

（二）知名作家叶广芩（1948年~）

叶广芩，国家一级作家，中国作家协会会员，陕西省作家协会副主席，西安作家协会副主席，曾被陕西省委省政府授予"德艺双馨"文艺工作者称号。

叶广芩和青木川镇的渊源，在她的小说《老县城》已有叙述：

> "青木川在老县城西边，位于川陕甘三省交界处。我与它的接触带有戏剧性质，20世纪80年代初，我要写一篇叫《洞阳人物录》的小说，其中涉及土匪，那时我不知道陕西哪里有土匪，就在地图上找，找什么呢，找最偏僻最复杂的地方，于是我的笔就沿着陕西的边缘走，走到了川、陕、甘三省的交界处，正好，地图上的这里有个小圈，标明是个镇，叫青木川，在秦岭山地属于汉中宁强县管辖。青木川，名字很像是土匪出没的地方，就用了青木川。而后，青木川这个地方老在我心里盘绕，我不知道地图上的那个被我选中的小圈是个怎样的地方，我也不知道出现在我小说里的青木川和实际的青木川相差多少，有没有土匪。总是个谜。"

2001年，叶广芩在周至县挂职县委副书记，因公前往青木川镇调研，首次踏上这片土地。2004~2005年，叶广芩两次前往青木川，看望徐忠德等历经魏辅唐控制时期的原住民，了解历史相关情况，为小说积累素材。2006年10月叶广芩完成长篇小说《青木川》，并于2007年初出版发行。汶川地震之后叶广芩再往青木川镇，了解灾后重建情况，看望故人、朋友。徐忠德说过，震灾无情人有情，青木川最亲的人是叶广芩。

2014年，由《青木川》改编而成的电视剧《一代枭雄》在江苏、浙江、天津、东方等卫视和腾讯视频热播，一举拿下多个时段收视率第一。电视剧带来的效应是惊人的，青木川镇随之名声大振，旅游业蓬勃发展，年游客接待量指数级增长并迅速突破百万，生产总值突破10亿元。

为感谢叶广芩为青木川古镇文化传承、传播以及宁强文化旅游发展做出的巨大贡献，2012年，在青木川人民政府东侧设立叶广芩工作室，2017年，宁强县委县政府授予叶广芩"文学艺术特别贡献奖"。叶广芩和青木川镇的渊源一直在延续。

六、规划建设

城镇建设，规划先行。青木川镇经济社会发展建设中，每经历"大事件"，都会有关键规划围绕核心问题展开研究，为其发展保驾护航。从2008年起至今，逐步建构起以《青木川镇历史文化名镇保护规划》（以下简称《保护规划》）为基础，《青木川镇总体规划（2014—2030年）》（以下简称《总规》）为统领，《青木川镇镇区控制性详细规划》（以下简称《控规》）为抓手，各种类型专项规划为落实的规划体系。完善而富有特色的规划体系，为青木川镇的城镇建设谋划了蓝图。

2008年，汶川地震导致青木川镇部分历史建筑受损，《保护规划》在此背景下编制而成。《保护规划》主要对镇内的国家级和省级文物保护单位的受损情况进行科学评估,并就如何修复进行全面指导,首次对青木川镇内各类历史遗存进行梳理并划定核心保护范围,有效避免其在灾后重建中的二次破坏。2019年,按照陕西省住房和城乡建设厅印发的《关于加强历史文化名城名镇名村保护工作的通知》,编制《宁强县青木川镇历史文化名镇保护规划(2019—2035年)》,进一步挖掘青木川镇历史文化价值与特色,促进历史文化遗产的全面保护及人文资源的合理利用,彰显名镇文化特色。

2012年,陕西省委省政府布局以小城镇为抓手推动新型城镇化发展,在此背景下青木川镇编制完成《青木川文化旅游名镇建设规划(2012—2020年)》(以下简称《建设规划》)用以指导城镇建设。《建设规划》旨在协调保护与发展的关系,以保护历史遗存、彰显文化底蕴为前提,以发展旅游产业,带动就地城镇化进程为核心,通过重点项目库的申报、督导和考核这一抓手,科学引导城镇各项建设的有效推进。

正在青木川镇按照《建设规划》有条不紊地推进城镇建设之时,一部以青木川传奇人物魏辅唐为原型的电视剧《一代枭雄》爆火,作为故事发生地的青木川镇突然间成了旅游热点,2014年旅游人次首次突破百万。面对突发性的旅游井喷,青木川镇在生态环境承载、旅游接待管理、城镇服务设施、历史遗存保护等方面均暴露出诸多问题。在城镇发展的关键路口,在原有城镇总体规划即将到期的情况下,镇政府决定编制《总规》,研究完善城镇发展的顶层设计,以应对城镇发展中的突发事件。2015年,青木川镇政府驻地青木川村成功入选全国第三批传统村落,编制《青木川传统村落保护发展规划》。

2016年,为有效控制青木川镇局部地区的私搭乱建,更好地管控城镇整体风貌,《控规》开始编制,规划探索从协调政府、投资业主及原住民三者利益的角度制定一整套"管控开发建设、调控业态类型、引导城镇风貌"的管理机制和办法。(图1-10)

图1-10 青木川规划体系一览图

青木川镇在发展与建设中,始终坚持"保护是最好的发展"的理念,古镇风貌保存完好,新区建设有条不紊,服务设施持续完善,人居环境持续提升,人民生活水平持续提高,其发展模式也广受关注,总结为"青木川模式"。截至目前,青木川镇陆续成为国家AAAA级景区、中国历史文化名镇、全国特色景观旅游名镇,成为陕西省独具特色和魅力的旅游名片之一。(图1-11)

年份	荣誉称号	颁布单位
2010年	全国特色景观旅游名镇	住房和城乡建设部、国家旅游局
	中国历史文化名镇	住房和城乡建设部
2011年	中国最具潜力十大古镇	美景中国、中国旅游总评榜组委会、搜狐旅游联合中国旅游门票网、第一县域旅游网、《行游天下》杂志主办的中国最美潜力景区评选排行榜
2013年	陕西省文化旅游名镇	陕西省人民政府
2014年	全国重点镇	住房和城乡建设部、国家发展和改革委员会、财政部、国土资源部、农业部、民政部、科学技术部
	国家AAAA级景区	陕西省旅游景区质量登记评审委员会
	中国最美休闲乡村（历史古村）	农业部办公厅
2016年	中国百佳避暑小镇	第十三届（2016年）中外避暑旅游口碑金榜
	全国第四批美丽宜居小镇	住房和城乡建设部办公厅
	中国森林文化小镇	中国林学会、光明日报社
2017年	西部百座"特色小镇"（文化民宿型小镇）	国家发展改革委

图1-11 青木川主要荣誉称号一览图

第二章 名镇空间

　　空间是物质存在的一种客观形式，于一个城镇而言，是社会、经济、文化的综合外在表征，是一个区域特有的基因密码。一个城镇的空间往往凝聚着原住民的生活图式，浓缩了地域文化的历史脉络，彰显着城镇发展的时空轨迹。

　　曾有一段传说，一只美丽的凤凰，张开如山峦般的翅膀拥抱宁静的古镇，清悠的金溪河则伸展自己的身躯如巨龙般环绕着古镇，后来，巨龙爱上了凤凰，飞身上岸化作古镇中的回龙场，回首顾盼凤凰山。美丽的传说形象地描绘了青木川"山拥水绕"的山水格局，也自然形成了城镇与山水之间自由灵动的空间特征。

一、名镇选址

中国传统城镇注重选址，古籍《尚书》《诗经》等书中，均有关于选择居址和规划城邑的史实性记述，聚落选址应负阴抱阳、背山面水，最佳朝向为东南向或南向。《管子·乘马》："高毋近旱而水用足，下毋近水而沟防省。因天材，就地利……"，指出选址要尊重自然、顺应自然、因地制宜、因势利导。《汉书·沟洫志》："或久无害，稍筑室宅，遂成聚落"，聚落选址趋利避害是自然的选择。《管子·度地》："圣人之处国者，必于不倾之地，而择地形之肥饶者乡山左右，经水若泽。"青木川镇秉承传统选址的考量因素，呈现出山环水绕、择坝而居，因地制宜、趋利避害，交通便利、古道先导的特征。

（一）选址特征

1. 山环水绕、择坝而居

青木川镇处于陕西南部丘陵区，地形西北高、东南低，山系为南北走向，主要河流由北向南平行汇入嘉陵江，沿河两岸多形成较大的、开阔的串珠式谷坝，镇区位于金溪河谷地与周围山体围合而成的一个较大的平坝上，居民依河沟川道择平坝而居。镇区北有凤凰山，南有龙池山，金溪河穿境而过，形成"一河两岸"的空间布局。空间整体以凤凰山为依靠，以龙池山为呼应，以印台山为限定，金溪河环抱其中，具备典型的"山环水绕"选址特点。（图2-1）

图2-1 青木川镇"山环水绕"的选址

2.因地制宜、趋利避害

镇区选址地势开阔,向阳避风,平坝南北宽15.5km,东西长28km,总面积约10200hm²,中央有河流贯通。河道西侧逼仄,紧靠山脚,天然具有防御与近水的优势,且处于河湾凸面,不易发生水灾,适宜居住。河道东侧相对开阔,有大片适合耕种的肥沃土地。镇区空间平行河道岸线,沿河道延伸方向布局,形成良好的通风廊道,建筑布局顺应地势,整体与自然环境相融。(图2-2、图2-3)

图2-2 老街布局通风示意图(左)

图2-3 建筑顺应地势布局示意图(右)

3.古道驿站、自然生长

青木川位于入川进陇的交通要道，北联金牛古道，南接阴平古道，早年间是陕甘川三省重要交通节点，吸引大量移民集聚于此，沿金溪河和古驿道形成了一些早期的聚落，呈带状自然分布，既满足交通便利，同时又催生了繁荣的商贸经济。（图2-4）

（二）影响因素

1.地形因素

传统城镇的空间形态非常注重与其周边地理格局的关系。《礼记·王制》中记载"凡居民材，必因天地寒暖燥湿，广谷大川异制"，百姓的生活习惯和当地的气候地势相适应，一方水土养一方

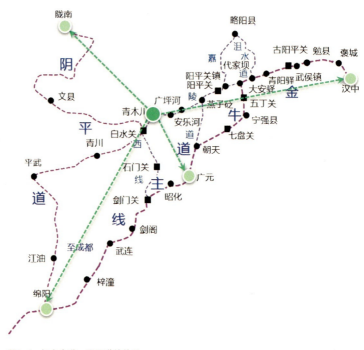

图2-4 与金牛道、阴平道的关系

人。青木川镇形成初期，自给自足的农耕经济占据主导地位，空间更多考虑的是土地平整和水源；之后城镇商贸逐渐繁盛，空间扩张开始注重与周边山水的关系，例如回龙场老街的形态，顺着金溪河的走势蜿蜒在凤凰山下；城镇扩容建设新区，在顺应山水格局的基础上，预留了一定的发展空间，为吸引更多的人口集聚，打下良好基础。城镇发展始终在有限的空间中进行，并未出现忽视地形地貌的盲目扩张。

2. 水源因素

水是生命之源，人们的生活、生产都与水息息相关，水源是选址的基本要素。青木川镇区临金溪河而建，与金溪河平行布局，有四个利好：首先提供充足水源，其次利于防火防洪，再者水系形成天然屏障，易守难攻，最后对微气候进行调节，形成优美的人居环境。

3. 交通因素

据《宁强县志》记载，三国时期，邓艾攻蜀时部队曾入境南下。自古以来，青木川镇就是由陕入川的要道，"因路而生，因路而兴，因路而衰"，选址受到区域交通的影响较为显著。

4. 山水因素

"水无山则气散而不附，山无水则气寒而不理。山为实气，水为虚气。土逾高，其气逾厚。水逾深，其气逾大。土薄则气微，水浅则气弱"。《管氏地理指蒙》❶镇区的山水关系，是典型的"负阴抱阳，背山面水"的山水格局，属于人生之气与自然之气和谐对应之地，利于安身立命、利于长远发展。从科学角度分析，顺山就势，水流顺遂，惠风和畅，有利于形成宜人的气候环境，也有利于植被的繁茂生长，更有利于建成景色优美的景观，生活在其中的人们身心舒畅，是自然的山水福地。

---

❶ 《管氏地理指蒙》：三国管辂著，梁炜彬注解，是一部全面反映古代地理理论，集相地术大成的著作。

二、空间演进

《城市发展史——起源、演变和前景》一书中提出:"城市的诞生、成长、衰退和毁灭的循环反映了人类文明演进过程的定律。"城镇,尤其是历史文化特征显著的城镇,其现状空间往往经历过长期的时间积淀。受农耕生产方式的影响,通常在一定的时间阶段内,空间形态相对稳定,而当社会经济发展到一定程度,发生重大事件抑或社会出现转型时,空间形态则会相应地发生较大变化。纵观青木川镇的空间发展历程,脉络大致可分为五个阶段:带状发展的形成期、三点一线的繁盛期、一河两岸的稳定期、新旧分治的复苏期以及组团扩展的鼎盛期。

(一)形成发展期

据青木川《赵氏宗谱》及赵氏祠堂咸丰四年(1854年)碑刻所记,其远祖系明成化(1465~1487年)时由陕西三原县迁徙至此;魏氏宗祠现存之咸丰八年(1858年)碑,记其远祖于成化十三年(1477年)自湖北麻城迁来。当时正是刘通、石虎领导的荆襄流民起义战乱余波尚未完全平息之时,鄂西北人民为避兵祸多溯汉水西迁,在偏僻之地,插占为业,繁衍生息。此外,也有由邻近四川、甘肃迁入者。这些移民在金溪河岸逐水而栖,于川谷沿河建房,形成村庄,逐步形成一种建立在农耕经济基础上的人类聚居形态。

图2-5　形成发展期：带状发展

随着草市❶兴起，商贸萌芽，来往旅客增多，慢慢发展出几家幺店子❷，为过往行人提供食宿，逐步发展成小型集市。清朝中叶，时局稳定，人民休养生息，渐趋富庶，文化教育也有了起色，家学、私塾相继开办，文风大盛，出了20多位举、贡、生员，据说还有进士。村民整治街市，修建庙宇，开凿栈道。典雅的文昌宫，宏伟的回龙寺，庄严的关帝庙，还有一些望族的祠堂、戏楼等建筑，大多建成于这一时期。

　　在草市出现之前，便已有以农业为生的居民村落散布于金溪河两侧。随着区域贸易活动的不断发展，部分本地居民脱离传统农业耕植，加入到商贸活动中，在空坝地段周边搭宅建铺，形成固定的集贸市场，于是，回龙场老街便逐渐成为重要的街巷场所，主街狭长，形成街市，空间带形生长，形态单一自由，建筑散点布局。（图2-5）

---

❶　草市原来是乡村定期集市，各地又有俗称，两广、福建等地称墟，川黔等地称场，江西等地称圩，北方称集。起源很早，东晋时建康（南京）城外就有草市，大都位于水陆交通要道或津渡及驿站所在地。其命名用意，或说因市场房舍用草盖成，或说因初系卖草料市集。经过长时期的发展，到宋代，其中一部分发展成为居民点，个别的上升为县、镇；而紧邻州县城郭的草市则发展成为新的商业市区。

❷　幺店子为四川方言，即路边小店，是大巴山地区，从一个场镇到另一个场镇的途中，为供人住宿的路边小店。

（二）繁荣发展期

清光绪中期，罂粟种植开始传入青木川，这里成为毒贩云集、烟馆林立、赌博成风、无人管辖的地带。民国时期，魏辅唐集军政权力于一身，统治青木川长达25年。他用武力保境，靠制度安民，多方培植、网罗人才，兴教昌文，建设地方。在此期间开展了不少民生工程，如兴修水利，架设桥梁，铺设道路，改善交通，兴办商业网点，发展商贸流通等。青木川镇保留的大多数公共建筑，例如辅仁中学、荣盛昌、济川桥（飞凤桥）等，都由他出资修建。

鸦片贸易催生相关的商业功能，回龙场老街发展为非常繁华的集贸市场，远近闻名的唐世盛、辅友社、辅仁剧社、荣盛魁、荣盛昌等商业建筑都在这一时期建成。青木川镇以"回龙场"为中心，沿往来客流汇集方向向西延伸，线性拓展。魏辅唐将自己的宅院盖到北部更宽阔的腹地，并出资在南部修建辅仁中学，这个时期，空间冲破带形限制向外延伸，呈现"三点一线"的格局。（图2-6）

图2-6　繁荣发展期：三点一线

青木川镇作为民国时期陕甘宁交界地区著名的商贸城镇，商贸对其发展起着主导作用，其地标建筑、民居形态均受商贸影响。另外，以魏辅唐为首的地方乡绅势力也有着重要的影响：一方面表现在以个人喜好定功能，如重商贸便修建荣盛魁、荣盛昌等大型公建，重教育便修建辅仁中学，重民治便修建济川桥等基础设施，重统治便修建私人宅邸；另一方面表现在以个人思想定格局，其乡绅思想中对风水的推崇，也在影响着青木川镇的空间发展。

（三）稳定发展期

新中国成立后，随着道路交通快速发展，川陕之间的古道驿站逐渐废弃，青木川的商贸职能开始衰退，逐渐成为一个以农业为主，兼具为周边村民提供公共服务的普通集镇，也同时步入了一个相对稳定的时期。镇区原有的部分地标建（构）筑物因年久失修而坍塌损毁，例如回龙寺、文昌宫等如今已不复存在。随着经济的发展，为了承载更多的人口和服务职能，镇区在金溪河北岸呈东西向，建设"龙延新街"，逐渐形成"一河两岸"的城镇格局。（图2-7）

图2-7 稳定发展期：一河两岸

（四）复苏发展期

2008年，受汶川地震波及，青木川镇1984户8149人受灾，1563间房屋倒塌，回龙场街区破坏严重，旱船屋、魏家老宅、烟馆等古建严重受损，直接经济损失达2.5亿元。但地震却意外地让青木川这颗"沧海遗珠"重新进入人们的视野，秀丽的山水，古朴的风貌，宁静的氛围，这里宛然成为快速城镇化浪潮中的"世外桃源"。灾后修复完成后，随着越来越多的游客前来，商贸服务又逐渐复苏兴起，城镇中许多传统建筑在功能与业态上也悄然发生着变化，大量销售旅游相关产品的店铺迅速填充城镇空间，商业氛围逐步蔓延。

活跃的旅游产业催生空间出现新的拓展，回龙场老街向西延伸出新街巷，龙延新街向北生长出多条更为细小的南北向的商业支巷。另外，对地震中受损严重的村庄实施了搬迁，长沙坝村搬迁至金溪河上游形成金溪新村，东坝村搬迁至镇区东部形成新的东坝村，袁家坪村搬迁至镇区南侧，融入镇区。新旧分治的灾后重建格局逐步形成。（图2-8）

图2-8 复苏发展期：新旧分治

在青木川镇人民的共同努力下,地震带来的危机被转化为机遇。2008年后,每年数十万游客慕名而来,青木川镇成为洗涤铅华、沉静心灵的桃源胜地。高质量的灾后重建,不仅让古镇重焕荣光,更让其融入现代化的元素。移民搬迁和旅游业催生出的新功能片区拔地而起,驱动青木川镇的空间格局发生新的变化。

(五)鼎盛发展期

2014年,《一代枭雄》电视剧热播,让更多人知道并认识了青木川,来这里旅游的人数成倍增加。同年,青木川镇荣获全国重点镇、国家AAAA级景区、中国最美休闲乡村等称号。一时间,青木川镇名声大振,成为陕甘川三省交界处知名的旅游目的地。

在各级政府的支持下,2013~2018年,青木川镇短时期内累计实施各类文化旅游项目49个,完成总投资4亿元,城镇空间发生质的变化。金溪新区持续成长,建有镇政府、安置小区、茶庄、羌绣商店等。瞿家大院和广袤茶园组合的片区也逐步发展起来。污水处理厂、长途客运站等基础设施不断完善。顺应山水格局的多组团空间逐步形成。(图2-9)

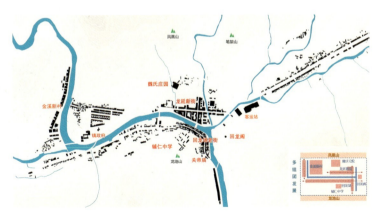

图2-9 鼎盛发展期:多组团发展

三、空间布局

（一）"山-田-街-水"有机融合的景观总体格局

青木川自然环境优美，青山环抱，绿水长流。山川、河流、植被、城镇等要素构成镇区"山-田-街-水"有机融合的景观总体格局。（图2-10）

山：五山环抱。镇区位于金溪河长期冲击形成的山间平缓地带，四面环山，北有将军山、凤凰山，东有笔架山、印台山，南有龙池山。连绵的青山是区域景观格局的基础，为城镇发展提供生产要素和安全庇护空间。

田：两翼展开。镇区沿河两岸地势平缓地带分布些许农田，形成朴素自然的农业景观，为整个景观格局保留开敞的"呼吸"空间。

街：回龙场老街和龙延新街犹如两条巨龙盘踞在金溪河两岸，两街尺度宜人，风貌统一，因未种植集中连片的高大乔木，故而能够清晰地展示出独特的屋顶"第五立面"，与周边自然环境相得益彰，融为一体。

水：一河多溪。金溪河自西向东从古镇中间流过，四季有水，水量适中，河水像一条灵动的蓝丝带，飘逸洒脱，盘活整个空间，使得空间内的各个景观要素有机融合，构成一幅美丽的山水画卷。

图2-10 青木川景观格局分析图

(二)"山水为川、一水分城"的城镇空间

子曰:"仁者乐山,智者乐水",中国传统文化崇尚自然山水,城镇营建也十分重视对周边山水环境的利用,力求在"世俗"中融入自然之美,追求"天人合一"的至高境界。青木川形成了独具特色的"山水为川、一水分城"的城镇空间。

山水为川:从整体宏观的布局来看,从北到南依次有笔架山廊道-金溪河廊道-龙池山廊道三条生态廊道从镇区穿过,它们构成自然生态"川"字形的基础空间框架。城镇空间建设便顺应"山水为川"的自然格局,打造成气流通畅、气脉聚集之地。

一水分城:镇区位于山间比较开阔的平坝上,金溪河从当中穿过将其一分为二,河两岸的回龙场老街与龙延新街相互呼应,形成"一水分城"的空间格局。灵动秀美的河流空间对融合整体风貌,活化整体空间起到了至关重要的作用。(图2-11)

图2-11 "山水为川、一水分城"的格局

(三)"双龙戏珠、城如太极"的城镇形态

镇区空间呈现"双龙戏珠、城如太极"的城镇形态,既彰显了中国传统营建智慧,也体现了传统思想中对"天人合一"理想生活状态的追求。

双龙戏珠:回龙场老街,在当地的传说中象征着保佑这一方水土的神龙;与其隔河相望的龙延新街形态也顺应水势呈龙形,一新一旧两条"龙",恰好与地处东面山顶的回龙阁构成"双龙戏珠"的吉祥图腾。在中国古代神话中,龙珠是龙的精华,两条龙对玉珠的争夺,象征着对美好生活的追求。(图2-12)

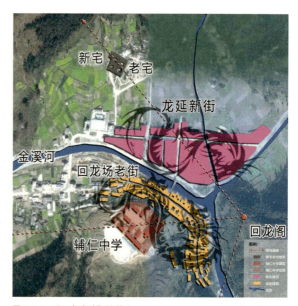

图2-12 "双龙戏珠"格局

城如太极： 金溪新区选址在离镇区稍远的金溪河对岸，不仅可以有效规避洪水的威胁，而且与原有镇区构成太极图案，体现对历史文化的尊重和对自然山水的崇敬。（图2-13）

"双龙戏珠、城如太极"的形态格局将天人和谐的哲学思想体现得淋漓尽致，也使得镇区成了传统文脉滋养下的和谐家园。

图2-13 "城如太极"格局

四、空间肌理

空间肌理是空间的二维投影表征，没有两个空间的空间肌理是完全相同的，即使同一个空间的空间肌理，也会在不同的历史阶段呈现不同的表征。空间肌理的研究常用二维的图底关系对其进行分析，建筑肌理整体为背景，突出的图形主要分为虚与实两类：第一类是"虚"空间，包含水网、道路等线性空间以及广场、市场、公园等点状开放空间；第二类是"实"空间，即作为"底"层次的建筑肌理。两者的组合方式就是聚落肌理的整体结构特征。

青木川镇区空间肌理由水网肌理、道路肌理、开敞空间和建筑肌理等四类要素叠加形成。卡米诺·西特在《城市建设艺术》中指出，意大利的城市背景具有高密实度的空间特征，这样具有良好的图底关系的城市设计会让人愿意在其中停留。青木川镇的空间魅力除了深厚的文化底蕴，优美的生态环境外，给人带来美的感受的空间肌理同样功不可没。（图2-14）

（一）水网肌理：水系丰富、主次分明

金溪河为青木川镇区的主要河流，呈"S"形流经镇区，而且支流众多，呈格子状，形成诸多沟道，组成水网肌理。金溪河、东沟、西沟等水系平行或垂直，将镇区划分为南岸、北岸、东坝、西坝4个天然组团，形成水网肌理的基础形态。（图2-15）

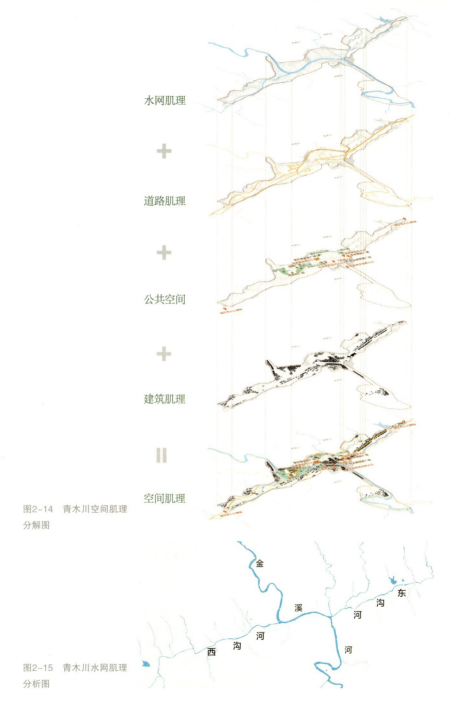

图2-14 青木川空间肌理分解图

图2-15 青木川水网肌理分析图

（二）道路肌理：因地制宜、丰富多变

镇区大部分道路的布局、尺度、走向等是结合地形与客观环境条件，为满足居民生活需要而"走"出来的，街巷是城镇的脉络，是道路肌理的重要组成。

县道309东西贯穿镇区，是青木川镇对外联系通道，回龙场老街、龙延新街等道路与其相互连接，构成城镇的基本道路骨架。回龙场老街宽约4m，长约800m，青石铺道，分为上街、中街和下街三部分，一街三巷，老街顺势蜿蜒，尺度舒适，整洁朴素，韵味十足（图2-16）；龙延新街主街宽约8m，长约500m，一街七巷，主街南侧4条，主街北侧3条，长60~120m，宽2~6m，各巷与主街均以"丁"字相交。（图2-17）

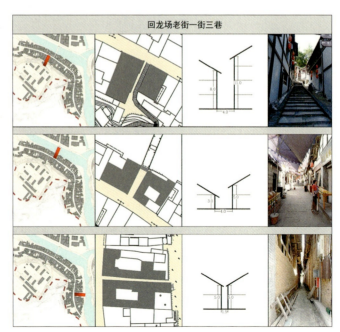

图2-16 回龙场老街空间肌理

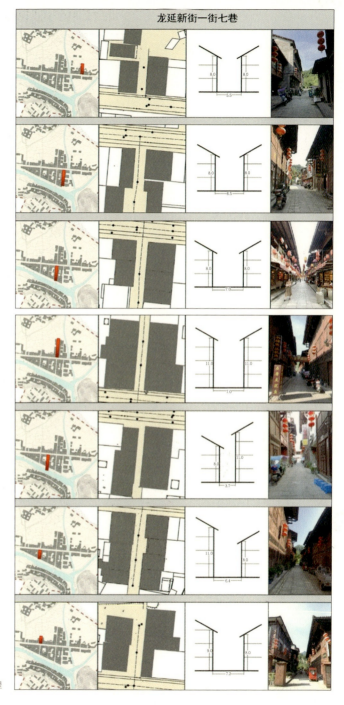

图2-17 龙延新街空间肌理

（三）开放空间：景观多样、功能复合

镇区开放空间主要是除水网、道路空间之外的留白区域，空间要素包括入口空间、广场空间、绿地空间等。（图2-18）

镇区入口空间，位于镇区主要道路大青路上，西入口位于陕甘交界处，东入口在东坝村东侧，均由牌楼作为标志。回龙场老街的入口位于南北两端，龙延老街的入口位于新街东西两端。街区入口是由道路引导的门户空间，由牌楼及广场作为标志，给进入街区的人们一种空间限定的心理暗示。（图2-19、图2-20）

镇区广场空间主要有景区管委会广场、镇政府前广场、回龙阁广场等5处。景区管委会广场中心有一大鼓，西侧有戏台，这里不仅是居民休憩往来的大型公共空间，也是举行节庆活动的场所。镇政府广场主要作为政府停车的场地，兼具部分休憩功能。回龙阁广场主要作为古镇观景平台所在处，为居民及游客提供游憩场所。

镇区的绿地空间主要有公园绿地、农田绿地和生态绿地三种，绿地在空间肌理中起到了关键的"呼吸"作用。

图2-18 青木川开放空间分析图

a) 西入口牌楼　　　　　　　　　　　　　b) 东入口牌楼

图2-19　镇区入户空间

a) 飞凤桥入口　　　　　　b) 老街北入口　　　　　　c) 老街南入口

图2-20　回龙场老街入口空间

镇区公园绿地包括金溪河滨河公园、回龙场老街西侧公园、魏氏宅院公园等5处。公园绿地在镇区核心节点形成开敞空间，构建出疏密有致的镇区景观秩序。

镇区农田绿地主要是由当地居民自发种植形成的颇具陕南特色的油菜花田、茶园等特色农作物构成，具有一定的观赏性。农田绿地填充镇区各组团之间的空白地带，成为组团发展的天然分隔带。

镇区生态绿地主要表现为山环水绕。建筑肌理沿山地的高度、坡度延展，与生态基底相互交融，和谐共生。绿楔向镇区空间内部延伸，形成天然绿廊，将回龙场老街和辅仁中学有机连接，浑然一体。

（四）建筑肌理：类型丰富、组合多样

建筑肌理所反映的空间特征是人们对青木川镇历史形态最直接的记忆。不同时期建筑肌理的保留与更新，使其呈现出类型多样、拼贴性较强的特点，主要体现在建筑风貌、空间形态以及群组空间特征三个方面。（图2-21）

1. 建筑风格

青木川镇始建于明代，历经清代、民国时期、新中国成立初期以及灾后重建等多个时期的持续建设，渐成规模，建筑样式兼具川西与关中风格，部分民国建筑还融入徽派建筑或者中西合璧的特色。现代建筑结合传统建筑风貌，形成新式陕南建筑风格。各个不同时期的建筑风格得以传承保留，又和谐统一。

图2-21 青木川建筑肌理分析图

川西建筑风格：青木川镇的民用建筑外在形态、空间组织方面受到四川地区建筑影响较大，体现在善于利用自然地形，组织灵活；就地取材、因材设计，建材以木、石灰、青砖、青瓦为主；墙有砖墙、土墙、石块（石板）墙、木墙（木板或原木）、编夹壁墙等；建筑结构多为穿斗式。

关中建筑风格：关中地区传统民居的布局及空间处理都比较严谨，装饰考究，礼制森严，多体现在青木川镇公共建筑及大型宅院中。如魏氏宅院就体现了强烈的中轴对称、布局严谨、装饰考究的特点。

徽派建筑风格：青木川镇部分建筑装饰体现出典型的徽派建筑风格，例如回龙场老街上的"大烟馆"建筑内，至今还完好保存着徽派建筑的屏风式木门。徽商尚文，讲究忠孝廉耻。门正中上方雕有四只蝙蝠，寓意"四面埋伏"；每扇门的下方，长方形的木框内雕着"二十四孝"民间故事，教导人们尊重传统、孝敬老人。

中西合璧式风格：魏辅唐时期，民风开化，西式建筑风格运用到标志建筑中，例如辅仁中学的"笔架山"校门，唐世盛的石拱圆门和圆顶窗，建筑立面呈现典型西式"三段式"，颇有古罗马式建筑风格，但建筑内部却是"四水到堂"的中式院落布局，兼具中西方建筑特点，在当地被称为"洋房子"。

2. 建筑形式

青木川镇现存的建筑形式主要包括天井式、一字式、L式三种。以回龙场老街为代表的明清时期建筑群是天井式建筑代表，整条古街呈现出平盘端凳、雕窗扇门、院落集中、四水到堂的格局。一字式、L式建筑广泛存在于普通民居，散布于老街外围的村落中，典型代表有袁家坪、沈家坝等。在长期的历史过程中，青木川镇将自然环境、传统文脉、风水理念逐渐融合到建筑形式，最终形成极具特点的地域建筑群落。（图2-22）

3. 建筑组群

因地处川陕交界，受关中文化与巴蜀文化的双重影响，其建筑组群空间主要为有机式、几何式和复合式三种。

类型	平面示意	典型空间
天井式	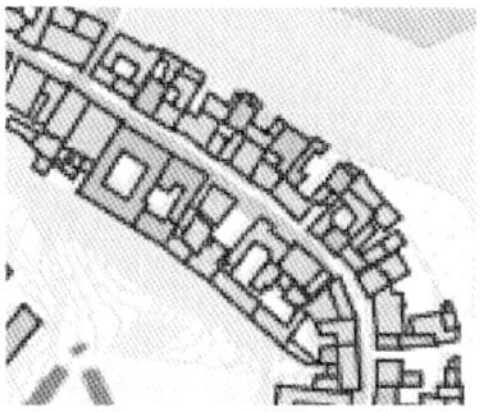	天井式：天井院子四周处于围合状态，正房也称为上房，隔天井对应的下房为建筑内部对外交通联系的通道。通道只在当心间设，两旁的房间作为辅助用房使用
一字式	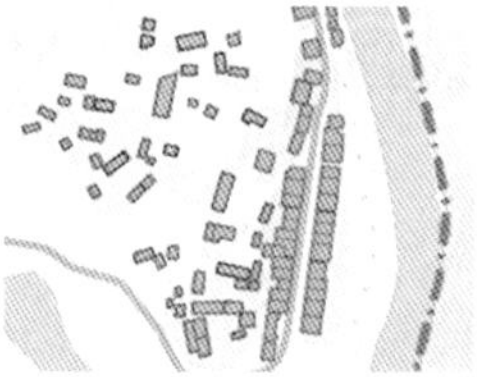	一字式和L式：除了合院式的建筑外，青木川地区常见的建筑空间形式还有一字式和L式，这两种空间形式建造成本较低，适应地形较广，是普通老百姓常采用的空间形式
L式		

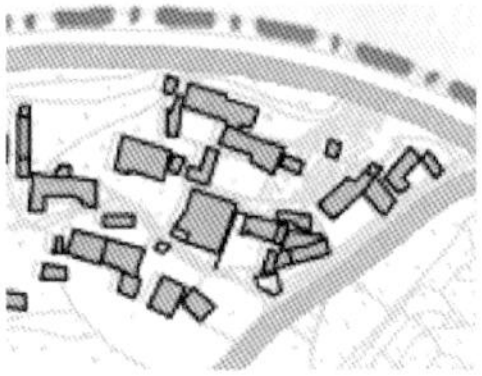

图2-22 青木川三种典型的建筑形式

有机式布局：回龙场老街明清时期建筑群是典型的有机式建筑空间组群。建筑和巷道呈鱼骨状排列在街道两侧，建筑空间组合呈现不规律的有机式布局。回龙场老街建筑沿着街道相邻排列，平行或垂直于金溪河的朝向，建筑空间组合形成大量的间隙空间，形成有机、致密、细腻的建筑肌理。

几何式布局：龙延新街建筑群是典型的几何式布局。建筑有序地按照一定的规律在街廓中排列，形成均匀、规则的建筑肌理。建筑主要是平行或垂直于道路，呈行列式或围合式布局，建筑组合形式较为规则，空间秩序感较强。

复合式布局：复合型肌理是指有机式和几何式两种空间肌理的组合，建筑组群体现为多个空间形态的并存。例如，袁家坪村形成初期居民在山腰上生活，建筑散点布局在山腰，后逐渐向山下迁徙，沿路带状聚集，两种布局形态叠加形成复合式布局。（图2-23）

回龙场老街区位

典型代表——回龙场老街
回龙场老街布局示意

有机式布局

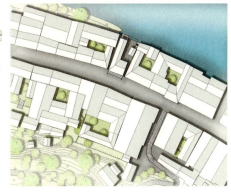

龙延新街区位

典型代表——龙延新街
龙延新街布局示意

几何式布局

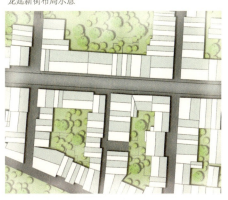

袁家坪村区位

典型代表——袁家坪村
袁家坪村布局示意

复合式布局

图2-23 青木川三种典型的建筑组群

五、竖向空间

（一）空间剖面

青木川镇区处于金溪河谷地与周围山体围合而成的一个较大的平坝，其体量、尺度与自然山水环境高度统一，其空间形态充分结合了龙池山、凤凰山的地形条件，在自然中慢慢生长，随地形变化而变化。建筑成群成团，或占据山坡或依傍沟谷，沿山地的高度、坡度而发展。这种布局方式顺应自然，将地形条件最大化利用，使得城镇空间富于变化，城镇形态高低错落。

从青木川南北、东西向分别剖切，可以看出其山体、农田、建筑、河流等景观要素张弛有度地点缀其中，形成和谐统一的景观序列。（图2-24~图2-26）

图2-24　青木川镇区剖切位置示意图

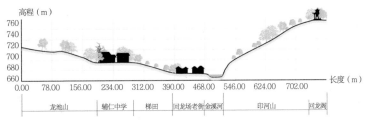

图2-25 青木川镇区A-A剖面分析图

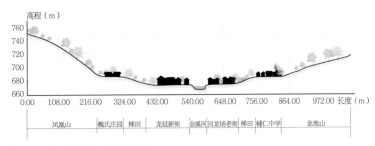

图2-26 青木川镇区B-B剖面分析图

（二）视线通廊

镇区合理利用高差，高地建设辅仁中学，制高点建设回龙阁观景台，与回龙场老街、龙延新街、魏氏庄园形成视线通廊以及空间上的集聚中心。其重要的视点和视线通廊如下（图2-27）：

核心视点：回龙阁270°观景平台。

重要视点：金溪河北岸、凤凰阁、魏氏庄园。

重要视线通廊：

（1）金溪河北岸——回龙场老街——辅仁中学——龙池山视廊；

（2）凤凰阁——回龙场老街——辅仁中学——龙池山视廊；

（3）魏氏庄园——辅仁中学——龙池山视廊；

图2-27 镇区重要视线通廊分析图

（4）回龙阁——金溪河、回龙场老街、龙延新街、魏氏庄园、南坝村、东坝村、袁家坪村。

（三）建筑高度

镇区建筑层高以1~2层为主，局部有3~4层楼房，最高建筑控制在20m以下，从回龙阁望去，没有过高遮挡视线的高层建筑，同时由于层高的变化，形成建筑屋脊高度变化，使整个城镇竖向空间错落有致（图2-28）。

图2-28 错落有致的竖向空间

第三章 回龙场老街

"一水护田将绿绕,两山排闼送青来",这是王安石退居金陵(今江苏南京)时吟诵江南田园的诗句。当你站在回龙场老街上时,便能获得与诗中相同的感受:铺满露水的青石板街,装饰精美的屋檐,云雾缭绕的群山以及碧波荡漾的溪水,宛若仙境。

回龙场老街始建于明成化年间,起先是因金溪河冲出一片平坝,便陆续有从陕西、甘肃、四川和湖北来的人们在此沿河谷建房,汉羌杂居,后随着聚居规模不断扩大,逐渐形成集镇。后来在东侧的山上建了座小庙,因远望山下小镇形似卧龙,便取名回龙寺,之后寺庙毁坏,就在原址上建了一座楼阁,更名回龙阁,"回龙"二字由此而来。

因青木川地处三省交界,自建成后便逐渐成为商业中心,直至魏辅唐时期,新建荣盛魁、荣盛昌、烟馆、唐世盛、辅友社、辅仁剧社等公共建筑,商贸功能持续完善。2008年汶川地震,青木川镇大面积新建建筑包括镇政府出现垮塌,回龙场老街虽局部受损,但整体完好。2013年3月,"青木川老街建筑群"被国务院公布为第七批全国重点文物保护单位。

回龙场老街位于金溪河南岸,背山环水,随形就势,规模宏大,犹如弯弓,形似卧龙,蜿蜒延伸800多米,整体宽约50m(含两侧建筑),街巷宽4m,占地约4hm^2,传统建筑保存度达85%以上,是目前陕南规模最大、保存最完整的清末民初建筑群。

现共有居民140户,其中以魏、王、张、邓、陈、赵、屠、谢为主要姓氏,魏姓最多;老街建筑产权,135户属于个人,5户属于镇政府;共有建筑253栋,其中认定的文物建筑60栋;建筑高度多为1~2层,最高建筑为荣盛魁,高约11.9m。

一、传统街巷空间

（一）形态格局

1.空间结构

回龙场老街按照河流走向总体呈南北走向S形，分为上街、中街和下街三部分，巷路同河流相垂直的方向相连，枝干分明、秩序井然，街道两旁建筑多呈院落式布局，形成独特的"街-巷-院"空间格局。从空中俯瞰宛如一条回首的龙，形态丰富而自由。（图3-1）

下街：青木川老街东界至金溪河岔口，是青木川老街兴起的源头部分。现分布有青木川酒坊、烟馆、荣盛昌等传统商业建筑，这一部分的老街功能简单，主要是围绕解决人们日常生活问题展开，也是青木川与外界交流贸易的主要窗口。

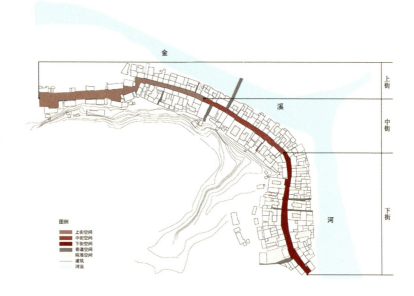

图3-1　回龙场老街"街-巷-院"空间格局

中街：金溪河岔口至荣盛魁，中街部分曾经是青木川政治和交通的枢纽区域，是青木川老街的中心。这个区域有联系青木川老街南北两岸的飞凤桥以及辅友社、唐世盛、"旱船房"荣盛魁等标志性建筑。中街部分在功能上更多地适应了青木川老街在三省交汇处的贸易、娱乐等需求，较大型公共建筑基本上都集中在这一个区域，也使得这一部分成为回龙场繁华的地区，可以说是青木川地区的政治经济和娱乐中心地带。

上街：荣盛魁至青木川桥，这一部分是整个青木川老街的延续，主要分布着居住院落和一些小商店（主要是利用门面房），老街的进一步发展和扩建也顺着上街沿金溪河岸展开。

巷道：回龙场老街主要巷道有三条，包括中街向东通往飞凤桥的巷道、中街通往辅仁中学的梯道、下街辅仁剧社南侧通往后山的巷道，主要承担日常交通功能。此外，还有多条通风防火功能的火巷子❶。

院落：回龙场老街现存较完整院落共45座。东面靠山地势坡度大，院落顺延地势向上延伸，整体空间较为狭长，滨河一侧用地面积优先，院落空间按照与水流方向平行的关系，呈现出宽窄不一的院落布局。功能布局主要有前店后宅式、下店上宅式两种主要形制。除了满足日常居住、商业功能，有时兼作为手工业作坊，沿街一侧或沿街底层设置为门店，内部或二层空间设置为居住空间。（图3-2）

2. 空间尺度

回龙场老街街巷尺度因功能需求的不同而变化很大，一般在1~8m范围内浮动。主街宽度约6~8m，主要承担商业功能，除满足日常出行需求外，还能够满足小型商业活动需求，同时还能够作为开展各类传统节日活动的小型聚集性场所。巷道宽约3~4m，是相邻的民居之间留出的行走通道，旨在满足日常的出行需求。此外，还有一些火巷宽约1~2m，是为防止火灾蔓延而预留的隔离空间。

---

❶ 房屋之间，为防止火灾蔓延而预留的小弄。《宋史·赵善俊传》："适南市火，善俊亟往视事，弛竹木税，发粟振民，开古沟，创火巷，以绝后患。"周而复《上海的早晨》第一部十四："花园侧面有条火巷，通往牛房和仓房的道路。"

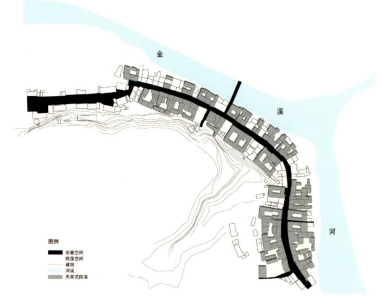

图3-2 老街建筑的天井式院落分布

芦原义信在《街道的美学》中提出街巷的不同高宽比❶给人的心理感受存在差异。回龙场老街建筑以一、二层为主,部分为三层,个别建筑为四层或超过四层,主街高宽比在0.8~1.5之间,巷道在0.6~0.8之间,火巷在0.1~0.3之间,除火巷子外,回龙场老街尺度匀称,给人一种舒适感和围合感。(图3-3)

3. 空间界面

街巷界面类型包括底、侧、顶界面,三类界面共同决定街巷空间的尺度感和围合感,限定了街巷空间范围,同时形成地域特色鲜明的街巷景观。顶界面直接决定在街巷上行走时,行人仰视的视野面,

---

❶ 高宽比(D/H值)即街道上建筑的间距(D)与建筑界面高度(H)的比值,$D/H<1$时,被高度束缚的视线会受街道的空间尺度的影响而产生一种受压感,且随着比值的减小,压迫的感受也随之增强;当$1 \leqslant D/H < 2$时,街道在人的感官上会呈现出相对舒适与亲切的感受;而当$D/H \geqslant 2$时,随着比值的增加,街道则会给人有一种愈显疏离之感。

街巷类型	典型剖面	实例照片	空间尺度
主街	回龙场老街 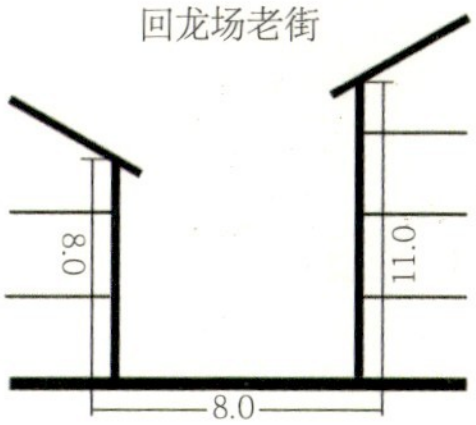 8.0 / 11.0 / 宽8.0		$0.8 < D/H \leq 1.5$
巷道	飞凤桥巷 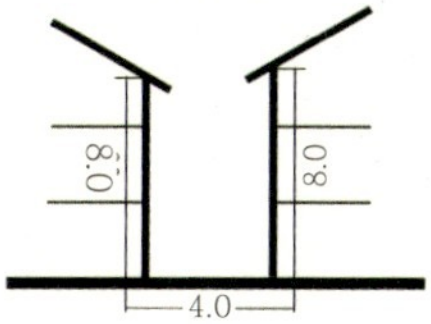 8.0 / 8.0 / 宽4.0		$0.6 < D/H \leq 0.8$
火巷	火巷 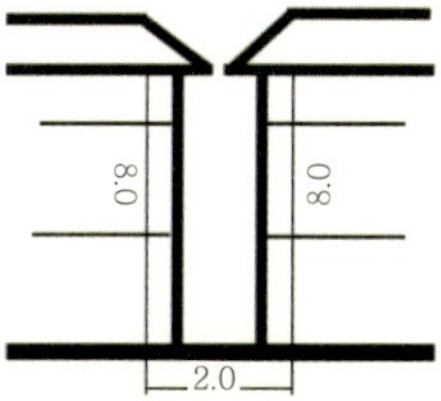 8.0 / 8.0 / 宽2.0		$0.1 < D/H \leq 0.3$

图3-3 回龙场老街街道宽高比示意图

侧界面影响街巷立体景观的丰富度，材质不同的铺地与高低起伏的梯道、坡道使底界面所营造的底面空间更具识别感和尺度感。

（1）底界面

回龙场老街底界面由铺地、台阶、水渠三种要素构成。历史上老街便是由青石板铺砌，1993年改为水泥街面，后又在2010年恢复为青石板街面。青石板的质感与街道尺度和建筑风格相互映衬，既凸显地方特色又能反映当时古镇的繁华商贸景象。此外，有意识地铺设为线性铺地，也在整个街巷空间中起到了引导人流的作用。（图3-4）

街巷类型	铺地形态	实例照片	空间作用
主街	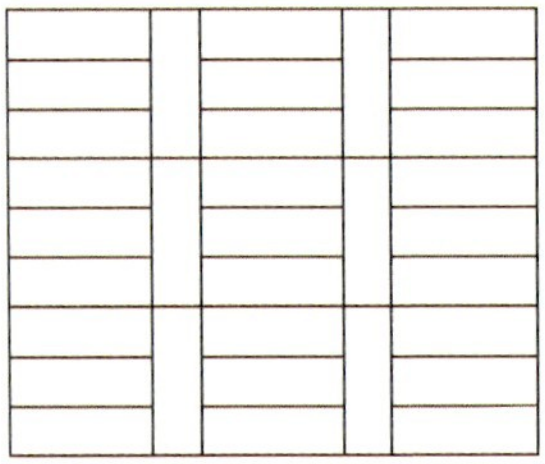		有意识凸显横向铺砖之间的竖向铺砖，在空间中起到引导人流的作用
巷道	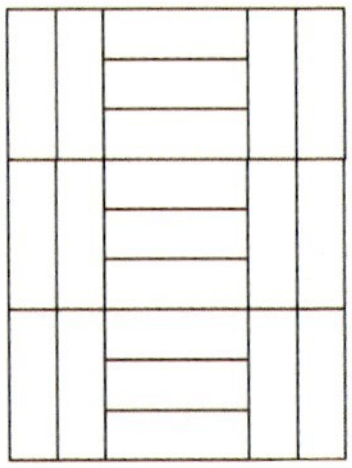		用竖向铺砖限定横向铺砖，在空间中起到引导人流的作用

图3-4　回龙场老街青石板铺地

　　回龙场老街底界面的台阶主要分为老街两旁民居的入户台阶、解决山地高差的台阶两类。在青木川老街街巷空间上，台阶与铺地以及侧界面的搭配，可以在视觉效果上产生连续的线性造型，可以丰富街巷空间，在竖直空间上有一定的美化作用。（图3-5）

图3-5　通往辅仁中学的台阶路（左）和解决院落高差的入户台阶（右）

老街路北留有约30cm宽的水渠，水渠内有活水流过，水质清澈，终年不断。民居内部雨天的雨水以及日常生活中产生的生活废水通过民居内排水口排向老街明沟，再排向金溪河，使得老街的街巷空间形成相对生态的内环境。（图3-6）

（2）侧界面

回龙场老街街巷空间侧立面由两侧建筑物围合而成，不同时期、不同功能的建筑以及具有特色的其他装饰（木构、石砌）构成了丰富的侧界面空间。老街南北立面均以白墙+木构建筑的店面为主要侧界面，建筑高度为2层为主，局部3~4层。高密度的商铺相连、封闭的建筑外部形态使得回龙场老街沿街立面整体风格统一，商业氛围浓厚，形成起伏有序的天际轮廓线。建筑立面上的雀替、斗拱、墀头、瓦当等装饰也使老街侧界面更为丰富。"洋房子"的拱门等建筑细部既显示出了当地建筑的融合辉映，又展现了外来地域文化的特质性。（图3-7）

图3-6 老街排水明沟（左）和民居内排水渠（右）

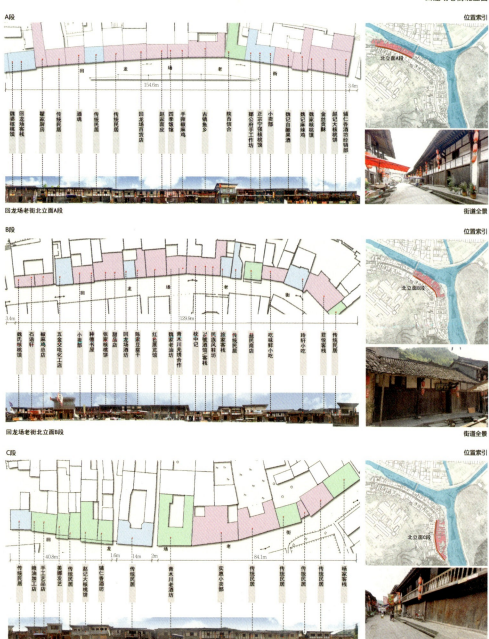

图3-7 回龙场老街南北立面

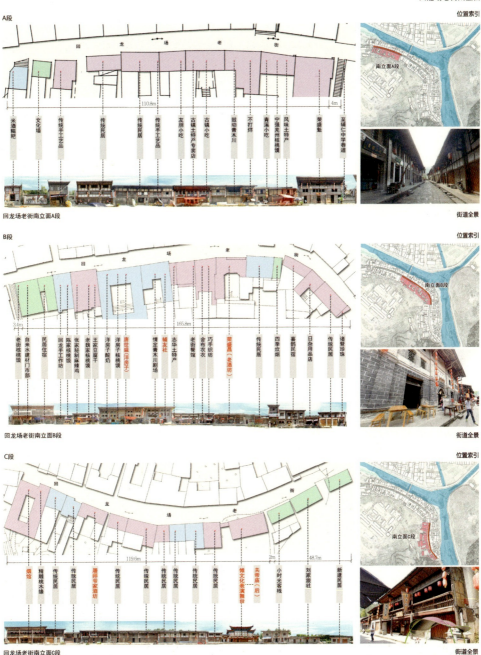

图3-7 回龙场老街南北立面(续)

（3）顶界面

老街建筑屋顶多为坡屋顶，颜色为灰色，多由瓦片敷设，整体形式和风貌较为统一，在周边青山绿水的衬托下，形成了独具风貌特色的"第五立面"。回龙场老街的屋顶蕴含了丰富的风水考量，从高处俯瞰，其屋脊能够连成一条线，自西北向东南蜿蜒，形若游龙，飘逸灵动，又称"龙脊"（图3-8）。老街延伸的出檐，坡屋顶的错落排序构成具有秩序感的空间，抬头望去，辽阔的天空因屋顶和山墙面的错落而收窄，连续一致的界面形成"一线天"的视觉效果，使行人产生视线内聚感与韵律感。

图3-8 回龙场老街建筑屋顶形似"龙脊"

（二）功能组织

1. 交通组织

回龙场老街当前阶段仍以交通为其本质功能，以满足一定的可达性。主街串联居民住宅、商业设施等，是老街组团的核心通道空间，巷道联通辅仁中学、飞凤桥、龙延新街等，是镇区核心功能组团沟通的重要空间。此外，回龙场老街的交通功能还明显地体现在旅行线路方面，通过街巷建立起旅游活动的纽带，满足外来游客的需求。

2. 商业活动

回龙场老街也是商品贸易和主要经济活动的场所，承担了非常重要的商业服务功能。历史时期回龙场老街的商业贸易功能就很突出，蜿蜒流畅的线性空间，为商贸活动带来了更灵活的交易界面与流动性，同时也反向形成了促进商贸活动的多元动力。上宅下店、前店后宅的民居建筑功能布局从侧面反映了当时老街商业繁盛的风貌。主街两侧分布客栈、餐饮、书店、酒坊等商业建筑，相关商业功能延伸至街巷内部，如主街两侧灵活布局的临时活动摊点，街巷成为流动摊贩的经营空间。（图3-9）

3. 生活交流

生活交往功能也是回龙场老街的一大特色功能，为原住民提供了交流、休憩的场所。居民在街巷上驻留，极易获得外界信息，社会生

图3-9　老街客栈（左）、老屠家酒坊（右）

图3-10 居民在沿街水渠洗菜（左）、居民在老街上刺绣（右）

活场景在街巷空间展开。据实地踏勘，在街巷上居民主要进行聊天、休憩、家务等生活交往，这种生活方式，使得回龙场老街的邻里关系更加具有凝聚力，乡土氛围更为浓郁。（图3-10）

（三）建筑风貌

回龙场老街大部分建筑建于民国时期，整体风貌较为统一，建筑结构以土木和砖木结构为主，形式多为天井式院落，受毗邻地区文化和建筑风格的影响，融汇了川陕、楚汉、徽派、羌式等多元建筑风格。大多建筑四水归堂，雕梁画栋，在布局上保留明显的明清时期关中地区院落的风格，也有一些具有巴蜀地域风格的木阁吊脚楼。老街建筑在长期的演变过程中将自然环境、传统文脉、风水理念逐渐融合到了建筑中，最终形成了极具特点的地域建筑群落。

1. 建筑材料

青木川地区土壤气候条件好，林木茂盛，木材丰富，这些资源为住宅建筑提供了良好的地域建筑材料。民居在建设中多就地取材，因此形成了不同地区传统街巷建筑界面的不同景观。

回龙场老街建筑与中国古代建筑体系密不可分，建筑结构以土木结构和砖木结构为主，以青瓦为屋顶，以木、青砖、夯土为主要建筑材料。（图3-11）

图3-11 回龙场老街主要建筑材料

2. 建筑色彩

老街同时存在不同时期的建筑,明清建筑颜色以红、白、灰为主,民国建筑以白、灰、黄为主,现代传统风貌建筑,汶川地震以前的建筑以红、黄、白、灰为主,汶川地震后的建筑以红、白、灰为主。回龙场老街建筑色彩整体以灰色和白色为主,以黄、红为辅,风格素雅自然。(图3-12)

3. 建筑装饰

回龙场老街装饰手法源自民间文化艺术,其内容非常丰富,主要体现在窗、栏杆、柱础。

(1) 窗

窗在民居中一般都被作为装饰构件,是建筑装饰的重点。回龙场老街的窗主要包括长窗和半窗。长窗即隔扇,一般用于正房正面,同时具有门、窗、墙三种功能,上半部分是有着多种式样窗棂的固定窗,下半部分是雕刻花纹的裙板,这种窗由于是清一色木质且较大,看上去很是气派。半窗多用于住人房间,以平开窗为主,分格比例

美观自然,其构图采用不同的纹样组合,窗棂上雕刻有线槽和各种花纹,窗花有方格花、喜字花、万字花等。(图3-13)

(2)栏杆

回龙场老街常见的栏杆多为直栏杆,高度800~1000mm不等,最常见的为圆柱刻纹和"N"形斜柱。此外,公共建筑烟馆临街二层设有靠座栏杆,类似美人靠,方便人们休憩远眺,这种栏杆形式用在回龙场老街的临街面仅一例。(图3-14)

(3)柱础

回龙场老街有大量优秀的石作,多见于柱础。柱础作为一种古老而传统的承重构件,其作用主要是保护木柱底部。经过漫长的演化,柱础已经在满足基本功能的基础上变得极具装饰性,成为老街中一道亮丽的风景。柱础式样繁多,拥有非常丰富的花色,辨识度高,常见的有狮子造型、四方造型、六角形。(图3-15、图3-16)

商业建筑典型色彩(烟馆)

商业建筑典型色彩(唐世盛)

居住建筑典型色彩

宗教建筑典型色彩

图3-12 不同功能的建筑典型色彩

图3-13 回龙场老街的门窗

图3-14 回龙场老街的栏杆

图3-15 回龙场老街的柱础

图3-16 回龙场老街屋顶瓦当装饰

图3-17 回龙场老街夜景

（四）环境系统

1. 绿化景观

老街绿化景观装饰较少，街道两侧以居民种植的盆栽景观为主，对街巷空间进行分割，增强街巷空间的引导性。民居院落内部以点状绿地、盆栽景观、单棵乔木种植为主，丰富空间环境要素。植物类型以剑兰、铜钱草、玉树等常见景观植物，黄瓜、西葫芦等农家果蔬为主。

2. 照明系统

老街保护利用以原住民自治主导，建筑功能布局为"前商后居"，白天是繁华的商贸古街，晚上是静谧的民居小巷，所以街巷照明以建筑内部灯具等功能性照明设施为主，同时在商铺门前挂上红灯笼，兼顾装饰性照明需求，烘托古街幽静氛围。（图3-17）

3. 排水系统

山中多雨,为避免出现水涝,老街有一套完善的室内室外排水体系。街道上铺设明沟暗渠,多用青石板,后用混凝土加固。因老街地势靠河一侧较低,靠山一侧较高,其排水方式利用天然的地势坡度,下雨时,雨水顺着坡度或明沟暗渠排入金溪河,山坡上的雨水则经暗沟穿过建筑底部流入金溪河。建筑内部则是通过天井和院子排水,包括日常生活用水和雨水都是经过渗水口汇入暗渠再排入金溪河。(图3-18、图3-19)

4. 消防系统

老街建筑多为木结构或砖木结构,其防火尤为重要,所以街道两边每隔一段都设置了风火山墙和"火巷子"(消防通道)。建筑内部防火则主要靠太平池。太平池是放置在每一个院落四角的消防缸,缸中会放满水或接满雨水,用于灭火。(图3-20)

图3-18　排水明沟

图3-19　民居院落天井

图3-20 火巷子（左）和太平池（右）

二、传统商业建筑

荣盛魁、烟馆、荣盛昌、唐世盛、辅友社、回龙酒坊、辅仁剧社是回龙场老街上保存较为完好的传统商业建筑，有些建筑中还有居民居住，这些建筑从清末至今，见证了青木川镇一百多年的历史过往，无声诉说着昔日的繁盛与传奇。

（一）荣盛魁

荣盛魁，始建于民国魏辅唐时期，俗称"旱船房"，位于回龙场老街中部位置，因外形像一只倒过来的船，故而得名，是川陕交界少见的"船型"建筑，占地面积约387m^2，建筑为3层，高约13.4m，建筑面积约1161m^2（图3-21）。建筑建在石台上，与地形巧妙结合，现状建筑风貌完整，是青木川镇重要的地标建筑，也是当年闻名乡里的"风花雪月"场所，如今作为一处景点供游客参观。

荣盛魁是典型的陕南建筑，同时吸纳了四川的建筑风格。外部大气庄重，内部华丽多彩，装饰丰富，雕梁画栋，正面有三开间，中间为正门，建筑正面精美繁华，朱门灰瓦，正面立一牌匾，上书"荣盛魁"三字。从正门进入后，首先是一个半开放空间，迎面是一扇四屏的古色屏风，左右各有一间房，再往前走，进入建筑中间的公共空间，上有天井，但天井尺寸非常小，且顶上用乌篷船式的屋面遮住天井。天井的

图3-21 荣盛魁位置图

作用除了采光通风外,也是延伸轴线的重要部分;建筑内部是私密空间,利用轴线按等级划分两侧的客房。继续往前走,映入眼帘的是一个石阶,青石阶梯尽头放着一架古筝,拾级而上两侧为回廊,回廊边有美人靠❶,回廊上挂满了五颜六色的灯笼,回廊内设有包厢,各有级别门号,仿照船的格局、船舱的等级进行排列。(图3-22)

荣盛魁的屋顶覆于天井之上,虽然有光透入,但仍影响采光,可针对当时独特的功能而言,偏暗的光照反而增强了私密性。因屋顶高出天井一段高度,利于空气流动,增强了建筑的通风性。(图3-23)

---

❶ 美人靠,也叫"飞来椅""吴王靠",学名"鹅颈椅",是一种下设条凳,上连靠栏的木制建筑,因向外探出的靠背弯曲似鹅颈,故名。其优雅曼妙的曲线设计合乎人体轮廓,靠坐着十分舒适。通常建于回廊或亭阁围槛的临水一侧,除休憩之外,更兼得凌波倒影之趣。

图3-22 荣盛魁正面

图3-23 荣盛魁屋顶

　　荣盛魁的船型构造决定了建筑越高，空间尺度越小，为保证整个建筑的刚度和稳定性，满足空间需求，建筑底层用抬梁式❶营造出大空间，上面几层用穿斗式来划分空间。穿斗式❷结构的重量比较轻，对抗震也很有利。建筑西侧的一处台地上，建有连廊和房屋。（图3-24~图3-30）

---

❶ 抬梁式又称叠梁式，是在立柱上架梁，梁上又抬梁，使用范围广，在宫殿、庙宇、寺院等大型建筑中普遍采用，更为皇家建筑群所选用，是木构架建筑的代表。

❷ 穿斗式是用穿枋把柱子串起来，形成一榀榀房架，檩条直接搁置在柱头，在沿檩条方向，再用斗枋把柱子串联起来，由此而形成屋架。

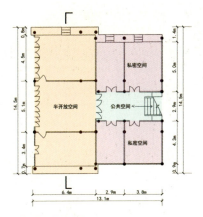

图3-24 荣盛魁一层平面图

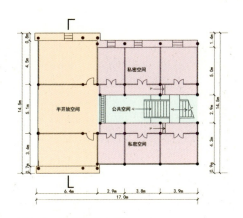

图3-25 荣盛魁二层平面图

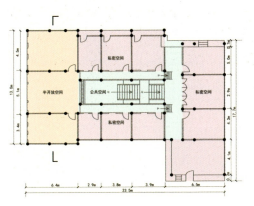

图3-26 荣盛魁三层平面图

图3-27 荣盛魁立面图

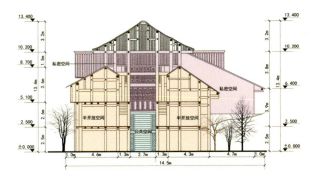

图3-28 荣盛魁横剖面图

图3-29　荣盛魁内部装饰　　　　图3-30　雕花门窗装饰

（二）烟馆

烟馆位于老街东部（图3-31、图3-32），是民国时期青木川镇贩卖鸦片的场所，最早是魏辅唐二哥魏元富的宅子。建筑为2层，高约10.5m，占地面积313m²，建筑面积616m²。烟馆是一座木板吊脚楼，以木质构造为主，典型的天井式建筑。建筑风格古朴，灯笼高悬，院内用青石板铺地，内部装饰精巧雅致。烟馆由正门进入后，先穿过半公共空间，中间院落为公共空间，两侧和后方为私密空间（图3-33）。烟馆内部布局有序，合理安排出公共空间和私密空间，与其原始功能高度适配。（图3-34、图3-35）

旧社会时期的烟馆，客人分三六九等，贵人有设施较好的独立包间，普通平民只能在大通铺上吸烟。如今的烟馆，是景区中的一处景点，房屋内陈列着当年抽大烟的长铺、烟具，墙上张贴着民国时期的广告海报，在展示烟馆历史的同时，也具有强烈的警示作用。

图3-31 烟馆位置图

图3-32 烟馆

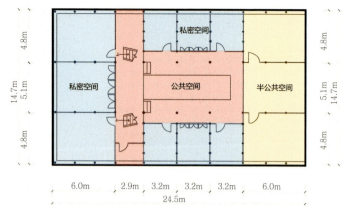

图3-33 烟馆平面图

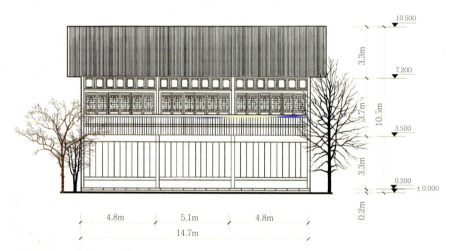

图3-34 烟馆立面图

图3-35 烟馆纵剖面图

图3-37 烟馆内的"山石"

图3-36 烟馆院落

图3-38 烟管内部细节装饰

　　烟馆内有一处景中景，位于烟馆后面房间内，房屋建在山石之上，石头作为山墙一部分赫然可见，由于墙壁一半山石，一半墙体，因此具有"半壁江山"的寓意。（图3-36~图3-38）

（三）荣盛昌

　　荣盛昌位于回龙场老街中部（图3-39），建于清末民初，占地475m²，共2层，高约8.1m，建筑面积950m²，包含房屋10间，是当时镇上的"百货公司"，经营小百货和时髦新鲜的外来物品，如印度产"鹰牌"洋油、香皂（洋胰子）、玻璃等。荣盛昌是魏辅唐大哥魏元成的产业，至今仍有魏氏后人居住于此。

　　荣盛昌为木质结构建筑，一层采用抬梁式营造大空间（山墙仍采用穿斗式），二层改用穿斗式划分居住或储藏空间，在两种结构体

图3-39 荣盛昌位置图

系交接的地方，穿斗式的柱子落在了抬梁式的梁上，因此屋顶荷载顺利地传到抬梁式的柱础上。正门为三开间，开间尺寸比老街上的其他建筑要大，外立面以灰色和黑色为主，内部装饰风格简洁。建筑的布局及空间处理都比较严谨，装饰考究，礼制森严，呈现关中院落的风格，兼有轻灵、秀雅、素朴的四川建筑风貌。（图3-40）

荣盛昌是典型的四合院，秉承中国传统建筑轴线对称的原则，在轴线两侧布局店铺，天井四周每边都是"一明两暗三开间"的组合，即中间一间明厅、左右两间暗的房间，堂屋前面开个非常大的进户门，左右开两个侧门进入左右房间，前店后宅，功能非常明确，一层与二层的空间划分基本一致。院落布局秩序井然，依次是半开放空间—开放空间—私密空间，较好地区分了公共区域和隐私区域，同时也反映了魏元成的实力和地位。（图3-41、图3-42）

荣盛昌在建造时，因体量较大但用地不足，便充分利用木框架结构灵活的优点，巧妙利用地形高差的变化，南侧房屋位于一块台地

图3-40　荣盛昌

图3-41　荣盛昌院落

之上，合理组织踏步，同时也使空间秩序在井然有序中带有变化，内部空间更为丰富。立面的门窗洞口比一般民宅多，体现笑迎八方客的商业属性。荣盛昌翘檐雕梁，有完好的檐挡瓦、木雕柱础、雕花门扇，旧窗格内还依稀可见戏文图谱，并且是典型的三挑出檐。（图3-43~图3-47）

081

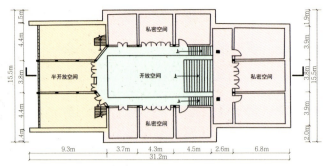

图3-42 荣盛昌一层平面图

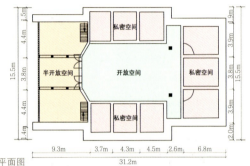

图3-43 荣盛昌二层平面图

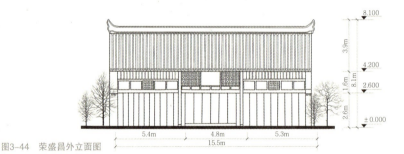

图3-44 荣盛昌外立面图

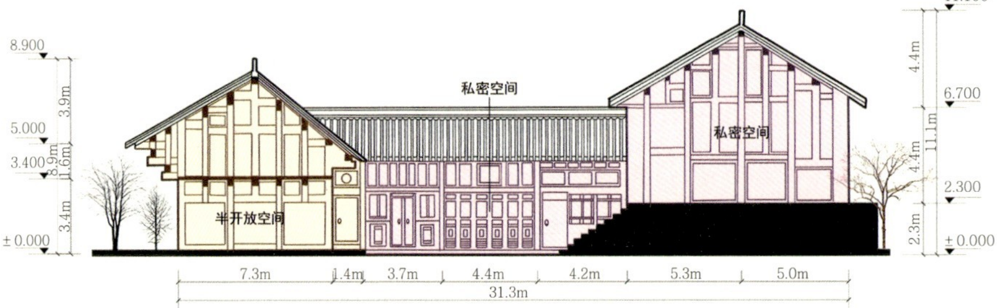

图3-45 荣盛昌纵剖面图

图3-46　屋顶滴水（左）
图3-47　"酒"字图样装饰（右）

荣盛昌历经百年风雨，建筑损坏处较多，除了沿街的门房立面结构保存尚完整外，内部已经破败不堪，正房两侧的墙壁破裂，两侧的木构架早已腐朽，门窗风化严重，从院子到正屋的台阶也有损坏，石材多处破损，并且长满了杂草青苔。

（四）唐世盛

唐世盛位于回龙场老街中段（图3-48），是魏辅唐时期为发展商业而精心修建的商品贸易货栈，也是当年三省交界处最早的砖木结

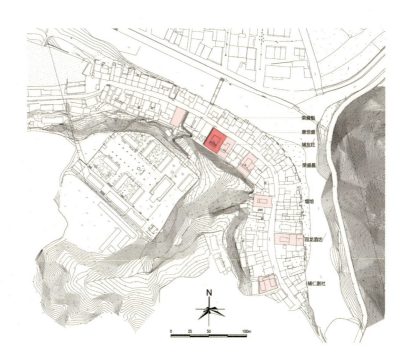

图3-48　唐世盛位置图

083

构建筑。外立面有石拱圆门和圆顶窗,为古罗马式建筑风格,内部却是中国传统四合院落(图3-49),因其建筑风格中西合璧,故享有"洋房子"的称谓,当时被陕甘川一带的人们视为奇观。

唐世盛占地面积457m^2,一共有3层,高约15.8m,建筑面积1371m^2,建筑外立面以白色和蓝灰色为主,最早是个绸缎商号,后来成为魏辅唐接待客人和办公的地方。唐世盛原有四层,顶层被雷击后拆除,后来还经过三次改装换修,但整体结构保存尚算完好,立面东西方建筑风格并存,门楣上有石刻联:"深院风和燕雀相贺,高斋日丽麟凤时来"。各层窗户整齐洞开,临街底层的钢筋窗条是由广元兵工厂私运而来,钢筋在那个年代是极难获得的材料,可谓来之不易。(图3-50、图3-51)

图3-49 唐世盛

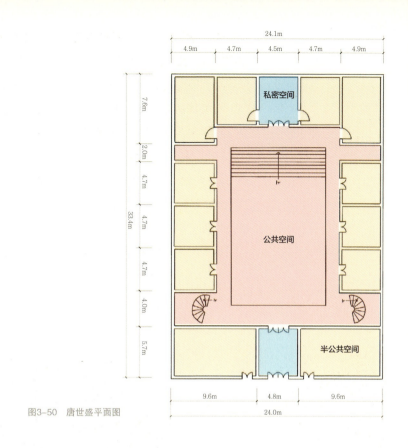

图3-50 唐世盛平面图

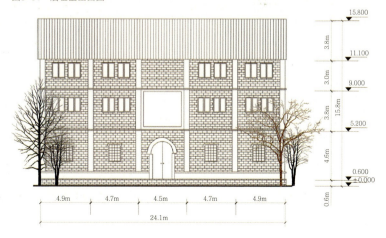

图3-51 唐世盛立面图

建筑内部有一个相对较大的中式院落，院落两侧和正面都是房间，建筑坐落在"Z"字石基上面，门墙由砖砌成，高数丈，三层木楼，每层由方柱分为五间。建筑内部四周为房间，中间为一个大院落。院内窗户门楣采用古典装饰，楼道走廊曲栏环绕。院中两口大石缸注水养鱼，用以防火，缸正面皆刻"太平池"三字，背面刻"鱼龙变化"和"鸟语花香"，侧刻陶渊明的诗句并标明打造时间。门坎的石条外圆内方，象征容纳天地。石缸是防火的安全设备，碉楼是用来应变架设机枪的，这都体现了魏辅唐文以武备、有备无患的心态和做法。（图3-52、图3-53）

　　新中国成立前夕，唐世盛内有办公室，门口悬挂"宁西人民自卫队部"的标牌，内设办公室，但时过境迁，如今，只有留题壁间的"山外青山楼外楼，行人往复任勾留，哪管中日征战事，闲居乐土度春秋"即兴诗尚在好奇者的口头流传。

图3-52　唐世盛"洋房子"院内布景

图3-53　唐世盛院内太平池

（五）辅友社

辅友社位于唐世盛东侧（图3-54），前面和唐世盛大院相连，后院相通，曾是青木川镇的钱庄，当时印发的银票在川陕甘一带都能流通，也可向当地农民放贷，用于经商、置业或者生产。辅友社加上唐世盛，形成了青木川民国时期对外经济贸易与活动的中心场所。建筑占地面积273m²，共3层，高约8m，建筑面积819m²，是典型的砖木结构传统建筑，外立面为深灰色，院内建筑为黑色。（图3-55~图3-57）

从正门的半开放空间进去后，中间是院落，北侧和西侧为私密空间（图3-58）。不同于老街上其他公共建筑的天井式，辅友社的建筑是L形，一方面加强了和唐世盛的有效联系，另一方面增强了建筑内部的采光和通风。辅友社作为钱庄，设置在"洋房子"旁边，"洋房子"又一度作为"宁西人民自卫队部"的驻地，这样既保证了钱庄的安全，又利于商贸办公。辅友社和其他建筑不同的是，门是圆拱门，门窗斐然排列，大气精美。外部灯笼悬挂，幡旗飘动，内部装饰精

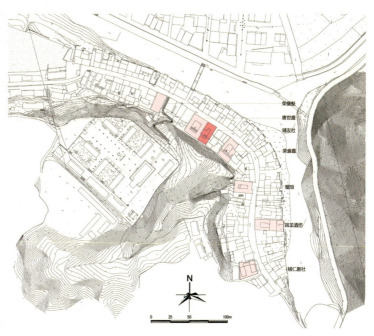

图3-54 辅友社位置图

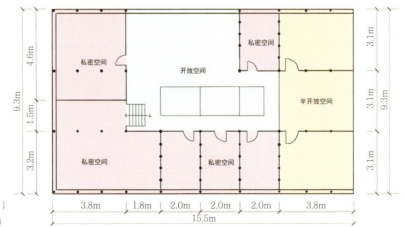

图3-55　辅友社院落（上）
图3-56　辅友社立面（中左）
图3-57　辅友社太平池（中右）
图3-58　辅友社平面图（下）

美,太平池造型古朴独特。辅友社现在是老街上的特色饭庄,产权为私人所有,主打辅唐宴,同时还设有舞台剧"寻梦青木川"的表演,伴随着灯光音效,生动演绎着一代枭雄的风云往事。(图3-59)

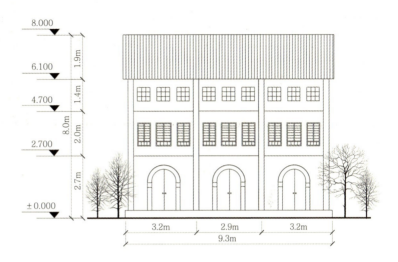

图3-59 辅友社外立面

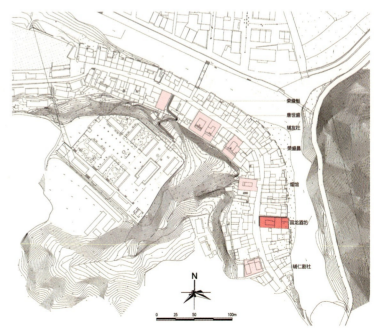

图3-60 回龙酒坊位置图

图3-61　回龙酒坊外立面照片　　　　　　图3-62　回龙酒坊院落

（六）回龙酒坊

回龙酒坊位于老街东侧（图3-60），占地面积201.2m²，共2层，高约11.6m，是砖混结构的酒作坊，主要生产和销售当地烧酒。

酒坊是典型中轴对称的合院式建筑，前后依次为半开放空间——开放空间（私密空间）——半开放空间，立面是传统的民居样式。从大门进入后是厅堂，房间位于厅堂两侧，合院中间为天井，作坊位于后侧。地面做法为三合土❶，以砖墙承重，屋面覆瓦，建筑为穿斗式结构，院落内部秩序井然。和老街上其他建筑不同的是，它不是传统的前商后居模式，而是由前至后采用商业-居住-作坊的布局模式，集生活、生产、商业功能于一体。建筑东临金溪河，作坊内设消防池，消防池可以直接从金溪河取水。（图3-61~图3-65）

（七）辅仁剧社

辅仁剧社位于回龙场老街的最南端（图3-66），原是关帝庙，后于1941年被魏辅唐改建为演出戏曲的场所。建筑占地面积174m²，共

---

❶　三合土是一种建筑材料。它由石灰、碎砖和细砂所组成，其实际配比视泥土的含沙量而定。经分层夯实，具有一定强度和耐水性，多用于建筑物的基础或路面垫层。

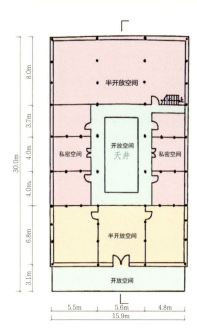

图3-63　回龙酒坊平面图

图3-64　回龙酒坊外立面图

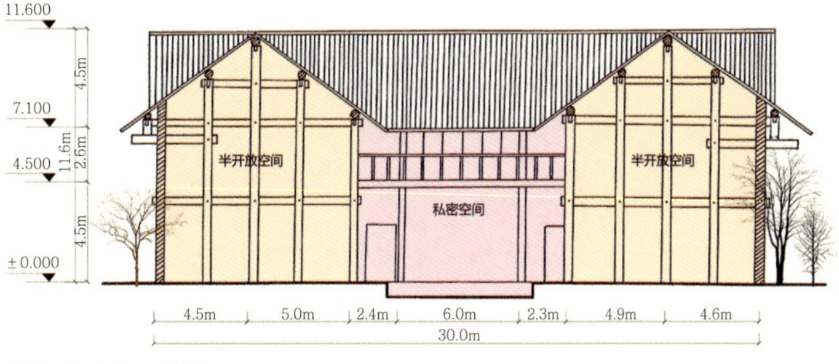

图3-65　回龙酒坊剖面图

图3-66 辅仁剧社位置图

2层，建筑面积348m²，包含3栋建筑，西侧为关帝庙，东侧为辅仁剧社，北侧为设施用房。辅仁剧社现存的建筑均为后来重建，但仍然保留了浓郁的陕南风格。

辅仁剧社，材质以木质为主，建筑色彩鲜艳明亮，屋顶为歇山顶式❶，外立面颜色绚丽丰富，端庄大气，在老街中显得格外出众（图3-67）。蓝、绿、黄多彩交织，主色为蓝色和原木色。

从西侧入口进入辅仁剧社，中间为广场，北边为一排厢房，前为关帝庙（图3-68、图3-69），后为辅仁剧社。青木川早年流行"打围鼓"唱板凳戏，后演秦腔、川剧的很多大型剧目，编排了很多优秀地方戏曲，如《敬香礼拜》《开坛演教》《财神开五方财门》等，同时也展示"上刀山、过刀桥"等民俗。（图3-70、图3-71）

---

❶ 歇山顶，即歇山式屋顶，宋朝称九脊殿、曹殿或厦两头造，清朝改今称，又名九脊顶。为古代中国建筑屋顶样式之一，在规格上仅次于庑殿顶。歇山顶传入东亚其他地区，日本称为入母屋造。

图3-67 辅仁剧社

图3-68 关帝庙

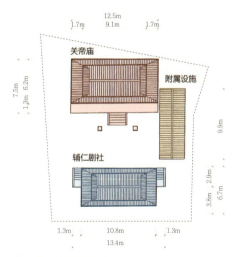

图3-69 辅仁剧社平面

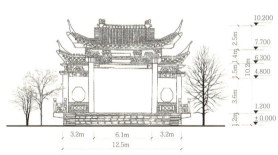

图3-70 辅仁剧社外立面

图3-71 傩戏"上刀山"

三、保护与传承

《青木川历史文化名镇保护规划（2008-2020年）》和《青木川老街建筑群保护规划（2019-2035年）》中均提出回龙场老街的核心保护区范围，但略有差异，在两次规划中，核心保护区北侧与南侧范围一致，均以北侧金溪河北堤岸、南侧龙池山体线为界，但为了保护老街历史建筑与整体风貌的完整性，建筑群保护规划中将老街西侧的金溪园片区也纳入核心保护范围，核心保护区面积由4.1hm^{2}扩展至6.65hm^2。（图3-72、图3-73）

图3-72 《青木川历史文化名镇保护规划（2008-2020年）》保护区划图

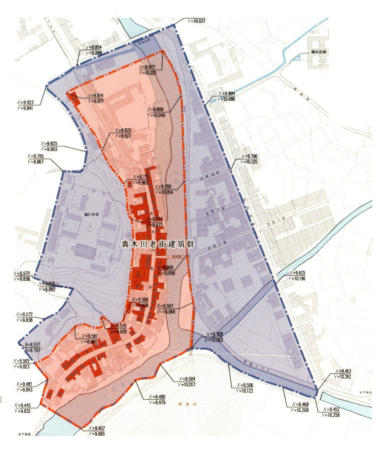

图3-73 《青木川老街建筑群保护规划》（2019-2035年）保护区划图

（一）建筑保护

回龙场老街现共保存有60处文物建筑，总占地面积7472.1m²。老街的总体格局、建筑形式、外观、装饰和材料等在一定程度上体现了其选址及建成时期的特征，并保存了原有特色，但受地震、气候等自然因素及人为因素的影响，一些建筑不同程度地出现裂缝、虫蛀、霉烂等损毁情况。另外，部分建筑经后期改扩建，外立面已改为砖混结构，外墙贴瓷片，变化较大。

针对文物建筑的保护，首先将建筑评估为保存较好、保存一般和保存较差三个等级。保存较好的文物建筑需重视日常保养，采取预防性措施，及时化解外力侵害可能造成损伤；保存一般的文物建筑需做好现状整修，一是将有险情的结构和构件恢复到原来稳定安全的状态，二是去除现代添加的无保留价值的建筑构件，三是对文物建筑缺失部位进行修补；保存较差的文物建筑则需要重点修复，恢复文物建筑结构的稳定状态，增加必要的加固结构，修补损坏的构件，添配缺失的部分。除文物建筑以外的建筑则应从高度、材料、立面、屋顶等方面进行整饬，使之与文物建筑风貌相协调。（表3-1）

文物建筑保护措施　　　　　　　　表3-1

类型	名称	保护措施
保存较好	烟馆、王杰民居、辅友社、忠德书屋、荣盛魁、高尚学、蔡秀英2号民居、王明通2号民居	日常保养
保存一般	沈承模1号民居，杨明民居，王强武民居，魏树胜民居，魏兴平民居，王氏民居，青木川酒坊，张世俊、范玉杰、鲜德云民居，魏氏民居，温氏民居，沈承模2号民居，屠开鹏民居，张万华民居，龚连春民居，田仕秀民居，杜文学民居，屠开彦民居，邓裔明民居，齐国红民居，红色展览馆，屠德安、赵树清民居，唐世盛，邓义莲、邓义秀民居，蔡秀英1号民居，刘少林民居，赵兴平、杜光华民居，罗义富民居，陈中许民居，邓安林民居，邓安全民居，蔡自英、魏建平、王荣华民居，李茂平、瞿本祥、王明通1号民居，张应奎等民居，赵克庆民居，魏树广民居，邓氏民居，赵氏民居，王登成、王成华、魏树根民居，尹满秀民居，谢兴荣民居，魏树东、张富华民居，李永秀民居，谢兴华民居	现状整修
保存较差	刘秀明民居，林朝香民居，林氏民居，陈开典、沈守华民居，张开玉、张开荣民居，荣盛昌、魏树勇民居、吴洪斌民居、胡兴明民居	重点修复

（二）文化传承

回龙场老街是青木川历史文化名镇和传统村落的核心地带，街巷空间独特，建筑风格古朴雅致，形式丰富多样，迄今为止保存完好度达80%，是清末民初当地商业繁盛的重要历史见证。如今，漫步在回龙场老街上，感受到的是"水村山郭酒旗风"的意境，自酿的梅子酒，当地的传统吃食，具有民族特色的店铺，是这片土地最美好的记忆。

文化展现的形式应该多样化、多元化，除了传统的文化展现形式，也应开辟新的文化展现方式，如可以借助多媒体，让傩戏表演实现场景重现，让人们从一场场光怪陆离的"上刀山"傩戏表演中，窥探古羌文化的独特魅力。

积极开展文物资源展示展览交流、社会教育活动，活化利用文化资源。文旅联动，创建特色民宿、大师工作室、乡间书屋等新型文化产品，打造可持续和"小而精"的文化资源创新活化路径。同时，积极传承传统习俗，开展核桃馍、羌绣制作体验，从单一的民俗出售到亲身制作，将民俗活动实现由展示到体验的转变。

（三）原住民保护

长期以来，回龙场老街犹如与世隔绝的世外桃源，鲜为人知，老街上的许多原住民选择外出打工。随着近几年旅游的发展，青木川吸引了大量游客，住宿、核桃馍、酿酒、羌绣等越来越丰富的业态如雨后春笋般出现在老街上，老街上的原住民也逐渐回流。

针对原住民的保护方式也发生着变化，回龙场老街开发伊始，原本计划将居民整体搬迁，这样可以令老街的功能利用更加纯粹，也更有利于建筑保护。但原住民一旦搬离，就会削弱老街的活力，许多传统制作工艺也会随之流失，失去生命力和生活气息的老街，是背离保护初衷的。原住民应该继续住在老街上，随着游客的增加，居民在老街上慢慢地开起了售卖特色商品的店面，也有一些住户会把房屋租赁给外来人开店经营，原住民和外地人也逐渐融合，老街的活力愈发精彩。虽然老街已无往日陕甘川商贸经济中心的喧闹，但那股子烟火气始终没有丧失，如今即便游客往来如织、旅游气氛浓厚，也依然能看到午后门洞下聊天的原住民。（图3-74）

图3-74 原住民午后休闲场

第四章 魏氏庄园

魏氏庄园是全国重点文物保护单位，位于镇区北部，占地十亩，原为魏辅唐居住场所，整体呈中轴对称的田字形，形似一颗"方印"，为传统的四合院布局。庄园分为新老两座宅院，老宅为传统建筑风格，新宅则融入近代建筑特色。天井院落宽大开阔、大挑檐悬山屋顶、木装板壁门窗与穿斗式木构架体现蜀文化特色，厚重夯土墙等则受秦文化的影响，装饰构件却有羌文化的特点，是青木川镇多元文化的代表建筑之一。

一、历史溯源

魏氏庄园始建于1927年，魏辅唐邀请来自四川的蒋姓木工主持建造老宅，1929年建设完工。随着其武装实力的扩大，老宅的规模不足以承载现有的武器装备规模和佣兵数量，又因魏辅唐一心求子，随即听从风水先生的建议，于1932年在老宅西侧新建一座宅院，使得原有庄园的"日"字格局演变为"田"字格局，1934年建成完工。整个庄园修建先后历时六年。（图4-1）

1952年，魏氏庄园被国家收回，房屋分配给当地居民居住使用。

2008年汶川地震，魏氏庄园受损严重，部分屋脊开裂坍塌，院内到处散落瓦片，墙体呈"X"形开裂，房内墙体部分倒塌，有的房屋柱子发生倾斜，周围的围墙也有多处垮塌，后进行大规模灾后修复。（图4-2、图4-3）

图4-1 魏氏庄园鸟瞰图

图4-2 2008年震后庄园风貌

图4-3 2019年庄园风貌

魏氏庄园于2008年9月公布为第五批陕西省文物保护单位，2013年5月公布为第七批全国重点文物保护单位，2019年入选中国20世纪建筑遗产名录第四批名单，成为中国现代建筑的典型代表之一。

二、周边环境

（一）选址格局

魏氏庄园地处凤凰山脚下平坦开阔的魏家坝，形成了背靠凤凰山，南临金溪河，遥对龙池山的空间格局，当地流传"腾蛟起凤地，卧虎藏龙川"，具有"凤凰遥对鱼龙池，神仙居墅度晚年"的美誉。庄园坐北朝南，北部被山体包围，整体呈太师椅形状。（图4-4）

图4-4 魏氏庄园空间格局示意图

　　魏氏庄园与回龙场老街、辅仁中学形成对景，从地势上看，辅仁中学最高，其次为魏氏庄园，最低为回龙场老街，空间布局富有层次且相互呼应，也侧面反映出青木川长期"尊师重教"的优良传统。（图4-5）

图4-5 魏氏庄园、回龙场老街及辅仁中学的空间关系

庄园选址同样考虑安全因素，魏家坝地形平坦广阔，既能佣兵驻守，又能远眺回龙场老街，整个青木川镇一览无余，稍有风吹草动，便可获悉，同时，修建宅院前考虑水井位置，一旦遭受匪患可以保证用水安全。

（二）周边环境要素

魏氏庄园周边环境优美、景色宜人。庄园前形成以荷花鱼池为核心的曲径游园，山色环绕，园内绿意盎然。魏氏庄园通过一条樱花长廊连接龙延新街，透过长廊隐约显现出魏氏庄园的标识与正门，营造出长径深院、宁静祥和的环境氛围。（图4-6、图4-7）

图4-6　魏氏庄园外游园

图4-7　通往魏氏庄园的绿廊

三、空间解析

魏氏庄园长约56m，宽约48m，高约8m，占地面积约2400m²，拥有5个院落，92间房屋，空间运用传统营建手法，比如设置天井，阳光普照、惠风和畅、四水归堂，体现自然、社会、人的和谐共处，又比如利用地形高差划分礼制等级空间，体现传统礼法秩序。（图4-8）

（一）院落形制

魏氏庄园的院落形制深受礼制思想的影响，居中为尊，以过厅、正房明间为主轴线，上下、左右、内外安排有序。老宅上房与周围的厢房组成一进院落，其中魏母的居所位于主轴线上，体现出对孝道的看重，亲属住房以及辅助用房位于次轴线，后院侧房为姨太们居住，且每两间卧室之间设有客厅，魏辅唐希望通过此举使得家庭成员之间多交流沟通，更加和睦。

魏氏庄园是两座标准的两进式院落拼合，形成多天井式院落空间。从单一的老宅变为前军后居的两进式院落，再到后来两组院落，"田"字型院落既没有南方天井式的封闭感，也没有北方合院式的开阔感，而是介于两者之间的一种适宜的尺度关系。（图4-9）

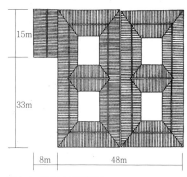

图4-8 魏氏庄园顶视图

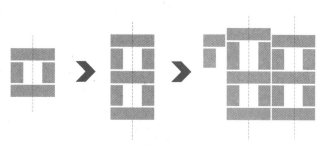

图4-9 魏氏庄园院落单元演变示意图

魏氏老宅采用中式院落形制，但新宅建筑则融入了民国时期盛行的仿欧式风格，高大气派。魏氏庄园新旧两宅相邻而建，风格迥异，但两座宅院通过院落形制、空间尺度、色彩等方式的一致性，给人统一协调的空间感受，体现高超的营建技巧。（图4-10、图4-11）

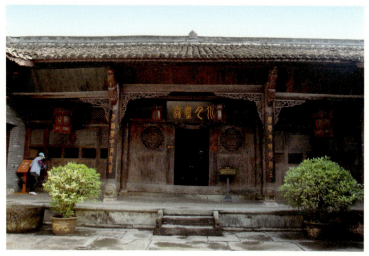

图4-10　老宅传统中式建筑风格

图4-11　新宅民国时期建筑风格

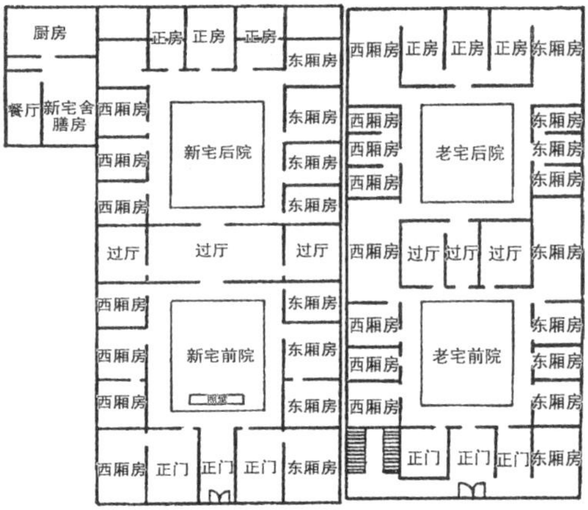

（二）功能布局

魏氏庄园由老宅、新宅、舍膳房三个功能区域组成，老宅为生活区，新宅为政务办公区，舍膳房为餐饮区，功能分区清晰有序。（图4-12）

1. 老宅

魏氏老宅占地面积1166m^2，宅院古朴、典雅、温馨，共两进院落，7座建筑，43间房屋。（图4-13）

老宅前院院落长宽均约13m，两侧厢房，中间天井，青石铺地，前院至过厅为10阶青石踏步，两侧木质踏步。院落四角放置水缸，在传统的院落里是常用的一种改善环境和防火的方式，俗称"太平池"，水缸上面刻有文字或图案，寓意平安吉祥。

前院建筑有上下两层，第一层为卫队长和厨师们的住宿，大门的左右两侧为警卫室和门卫。老宅前院二层共16间，主要为过厅、师爷室、警卫室、女儿房、儿子房、佣人房、客房及娱乐室。（图4-14）

图4-12 魏氏庄园功能分区平面图

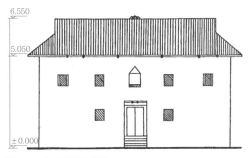

图4-13 老宅正面立面图

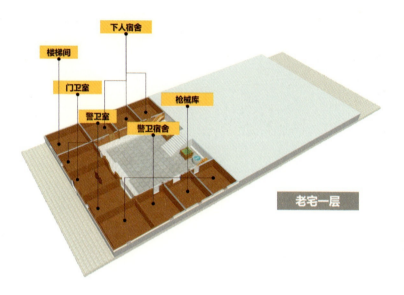

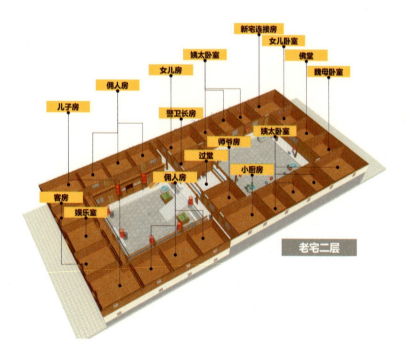

图4-14 老宅建筑功能图

老宅后院院落南北长14m，东西宽13m，中间天井，青石铺地，四角放置太平池。老宅后院一层共11间，中轴线从南至北依次为正门、过间和老太太佛堂，两侧厢房为妻妾卧室。魏氏老宅遵循着标准的二进院落布局模式。魏氏老宅一层很封闭，二层相对通畅一些。正房与厢房为标准的"一明两暗"形制，佛堂为"明"，卧室为"暗"。（图4-15~图4-18）

正房与厢房转角处利用了两者之间的高差，在正房山面挑檐正脊以下形成"燕子口"，以解决侧面辅助用房的采光、通风以及排水等问题，形式上也较为美观。

图4-15 魏母佛堂

图4-16 师爷室

图4-17 姨太卧室

图4-18 小厨房

图4-19 正房窗户样式　　图4-20 新宅正面立面图

正房内部向两侧开门，进入左右两侧的房间，房间窗户为特制的小孔窗花，便于由内向外进行观察。（图4-19）

2. 新宅

魏氏新宅占地面积1247m²。新宅院原有三进，第一进空间主要用于粮油加工和仓储，已全部损毁拆除，现仅保留后面两进院落，共7座建筑，47间房屋。（图4-20）

新宅前院院落长宽均约13m，两侧厢房，中间天井，青石铺地，地墁四角放置石水槽，二层以窗廊相连，在正厅与两侧环房的连接则设置了木质楼梯。新宅前院一层共14间，主要为枪械库、警卫室、仓储室等。新宅前院二层共14间，主要为女儿房、儿子房、佣人房、客房及娱乐室。前后院以过厅相连，并无明显高差。（图4-21）

新宅后院院落南北长约15m，东西宽14m，两侧厢房，中间天井，青石铺地，三阶石质踏步，地墁四角放置石水槽。新宅后院一层共11间，主要为总团接待室、魏辅唐卧室、魏辅唐读书室、妻妾卧室及过间。正中间是魏辅唐的住所和书房，魏辅唐曾在此接待胡宗南。新宅后院二层共8间，主要分布在东西厢房，有佣人房、客房及娱乐室。（图4-22~图4-25）

新宅宅院整体建筑成轴对称图形，左右、前后、上下均对称布置。主体参考老宅的风格，但是融入很多西方的元素，青砖素瓦，拱券柱廊，简洁宽大，庄严肃穆，教堂式上尖下方的窗口，楼梯扶手棱角分明，建筑装饰为西式风格。房间基本为单间式的小房子，未设置共用客厅。（图4-26）

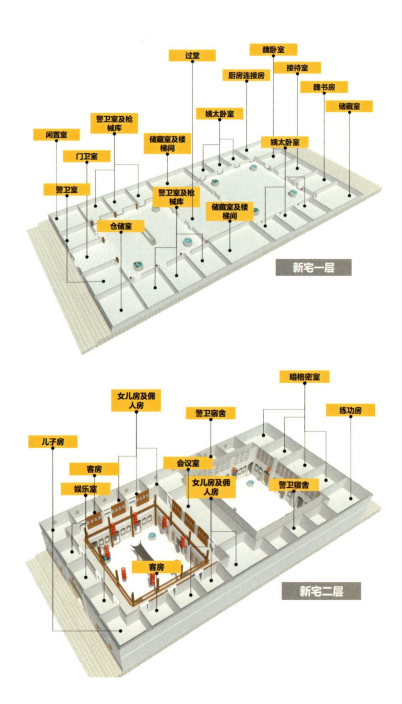

图4-21 新宅建筑功能图

图4-22　团总接待室（左）
图4-23　自卫队会议室（右）

图4-24　魏辅唐书房（左）
图4-25　自卫队宿舍（右）

图4-26　新宅横向剖面图

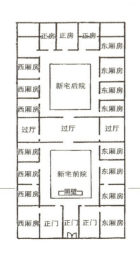

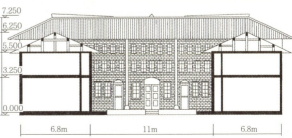

113

3. 膳房

魏氏庄园除了主体建筑外，还拥有厨房、厕所、牲畜圈等辅助用房。膳房位于魏氏庄园新宅西侧，占地面积160m²，主要功能为厨房及餐厅。（图4-27、图4-28）

膳房区域开有侧门，专门给贫穷的人或路过没饭吃的人开舍饭，有专人管理。（图4-29~图4-31）

图4-27　膳房正门

图4-28　膳房餐厅

图4-29　小厨房（左）
图4-30　大厨房（右）

图4-31 厨房上侧储物仓

另有小灶供魏辅唐和其家人用餐。厨房内部上方为储粮储物的仓库。

（三）交通流线

建筑主体交通流线为中轴式，两个宅院四个回字形回廊，其中老宅为建筑外延伸的回廊，新宅为建筑内回廊。整体流线简洁明了，宅院活动空间区划清晰。（图4-32~图4-34）

图4-32 老宅视线通廊

115

图4-33　老宅走廊　　　　　　　　　　　　图4-34　新宅走廊

　　魏氏庄园功能较为复合，交通流线分为居住生活流线、后勤流线和办公流线。交通流线是以四个天井为核心，以两个过堂为交集点，形成四个回字形交通流线形式，串联宅院各个房间。魏氏庄园功能分区明确，生活、办公以及后勤的交通流线相互独立，少有交集，管理井井有条。老宅办公空间与生活空间相隔离，是传统礼法的体现。（图4-35）

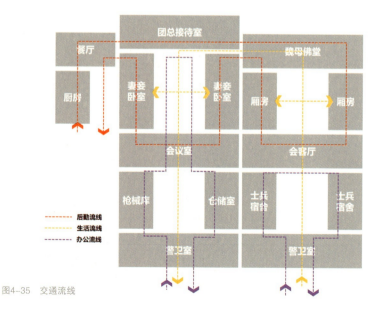

图4-35　交通流线

（四）建筑空间

建筑空间可以分为对外空间、过渡空间以及内部空间。魏氏庄园内部空间以礼法为准绳组织空间秩序，外部空间以防御为核心组织空间功能，过渡空间则以彰显地位为目的组织空间细节。

1. 对外空间特征

魏氏庄园拥有完整的防范体系：一层为粮仓、水井、酒库、菜窖，二层有瞭望哨、射击孔、警卫室、弹药库。出于防御的需求，魏氏庄园对外的门窗数量较少且尺度很小。窗户多为方形深窗，样式精致小巧。老宅的大门为凹陷式，依靠屋檐、地面形成半围合的入口空间，具有避雨、防晒等功能作用。门上开有一扇隔窗，窗户下面为木制牌匾，上书"魏氏老宅"字样，门口两侧为石质石鼓，与入户台阶相连（图4-36、图4-37）。新宅的大门为平开式，没有做成凸出或者凹陷的处理，而是直接在外墙开出门洞，但整体形制体量较老宅更为雄伟宏大。门头有简单的装饰，门头中间也有一扇隔窗，门头出檐较浅，门头下面有题字的门楣匾额，有"卫国卫民"字样，门口有两座石狮子，气势非凡。（图4-38、图4-39）

图4-36　对外特色窗户（左）
图4-37　对外普通窗户（右）

图4-38 老宅大门（左）
图4-39 新宅大门（右）

2.过渡空间特征

魏氏庄园过堂位于两组单元院落的中间，也在新老两宅各自的中轴线上，开间较大。老宅在通风效果上有所欠缺，所以将老宅前后院落的过厅做成了通透的客厅场所。老宅过堂面向前后两院完全开敞，过堂与外部空间直接相连，室内外空间融为一体；新宅过堂则为封闭的形式，设有门窗。老宅过堂两侧为办公用房，开门方向朝着走廊；新宅过堂打通为一体，两侧为楼梯间。（图4-40~图4-42）

图4-40 老宅过堂（左）
图4-41 新宅过堂（右）

图4-42 老宅前院横向剖面图

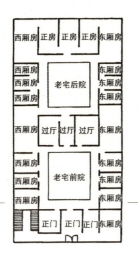

魏氏老宅的过堂建筑依地势抬升，后院高于前院近2m，以台阶相连，台阶位于中间和两侧的屋檐下，既能充分利用地形，又将内外事务分割开来。此外，老宅第一进院落中利用地形的高差，使上房堂屋高于厢房以及下房的地面高度，不仅组织了立体的交通形式还使得空间变化更为丰富，等级划分更为明晰。（图4-43、图4-44）

图4-43 老宅回廊（左）
图4-44 新宅回廊（右）

119

民间典籍《理气图说》有记载："天井，主于消纳，大则泄气，小则郁气，大小以屋势相应为准"。魏氏庄园拥有"四水归堂"功能格局的四个天井，既解决日照采光、排水、通风等实用性功能需求，又增加垂直向视野的趣味性和渗透感，内外空间连成一体。

3.内部空间特征

魏氏老宅主厅和侧房均是传统的一屋三开间式设置，内部空间整体尺度较小，居住感受较为舒适，但由于建筑高度较低，使得内部采光较昏暗。魏氏新宅则是按照现代建筑理念，一门一屋设置，房屋建筑高度较高，尺度相较老宅更大，采光更为充足。（图4-45~图4-47）

魏氏老宅中魏母的正厅旁边的偏房里住着魏辅唐最宠爱的六姨太小赵，其他姨太住厢房，偏房与其母的正房是相通的，魏辅唐借给其母请安的机会看望小赵。除小赵外，魏辅唐的四个姨太太各有各的房

图4-45　卧室隔断

图4-46　卧室

图4-47 卧室公用客厅

间,两人共用一个"客厅",相当于两人住一个"单元"。魏氏新宅中魏辅唐住正殿左边,后院左右房依次住了五个姨太。他规定姨太的女儿、侍女们住在其主母上面二楼上,有了动静也便于管理。内部功能安排处心积虑,营造和谐祥和的家庭氛围。

4. 建筑空间尺度

魏氏老宅院落 D/H 值约为1.75,整体建筑空间开阔,尺度宜人;新宅院落 D/H 值约为1.38,空间感适宜但尺度较老宅更大。魏氏宅院尽管前后院落尺寸相近,但由于围合院落的界面差,使得前院空间显得更加开阔大气,满足魏辅唐办公的形式感;后院空间则较为宜人,适宜居住生活。(图4-48~图4-51)

(五)建筑结构

魏氏庄园历经2008年汶川地震而未倒塌,只是局部破损,跟建筑结构有很大关系。老宅建筑结构以穿斗式为主,混合一些抬梁式结构,使得建筑局部获取较大空间,适应各种空间的不同需求,增强了老宅的抗震能力。新宅建筑结构也为穿斗加抬梁,但用砖石将柱体围合,使其更加坚固,同时也减少了抗震能力,所以在地震时受损的主要为新宅。

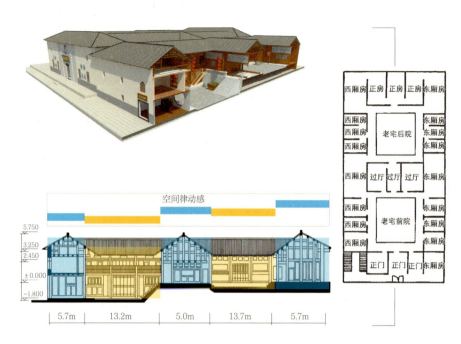

图4-48 老宅纵向剖面图

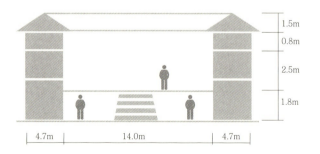

图4-49 老宅空间尺度示意图

图4-50 新宅纵向剖面图

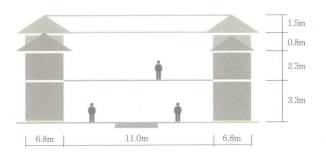

图4-51 新宅空间尺度示意图

123

建筑房屋的山墙面按照穿斗式构架进行建设,在需要大空间大跨度的区域采用抬梁式构架,在排架中部进行抬梁式设置。

穿斗式木构架柱距较为密集,屋面负荷能力基本由落地柱子承载,穿坊仅为联系作用。魏氏老宅的结构也是由柱子直接承檩,各柱子之间以穿坊相连,但柱子和同登有所区分,为了获得更开阔的场所,柱子上端承檩下端落地,同登上端承檩下端落在穿坊上。魏氏老宅室内空间结构形式有两种:魏母正厅的佛堂室内空间一通到顶,没有楼板层,屋面结构外露;但一般卧室和客厅则上部有楼板层,尺度较小,屋面结构并未外露。(图4-52)

魏氏新宅以砖木结构为主,建筑屋顶部分仍采用穿斗抬梁混合式建设,整体建筑结构稳定合理。入口大门两边的墙上贴有砖砌的壁柱,一直延伸到顶部,弯曲着承托屋顶挑檐,壁柱上花瓣装饰显得中西合璧的风格更加突出。

魏氏庄园山面墙体与后面墙体的建造有所不同,山面建筑下面为砖砌,上面为夯土包裹穿斗式结构,其间用木骨泥墙作为围护结构,具有良好的保温隔热特性,这种融合南北两地的建筑特点的方式质朴

图4-52 魏氏庄园穿斗抬梁主体结构

且实用，墙体混入竹片，不仅增强墙体的强度和韧度，还提高了墙体防御能力；后面墙体下部为砖砌，上部为纯夯土结构，少有开窗，梁架的荷载有一部分由夯土墙承重。内部下部墙体使用大块条石分层砌筑，汶川地震后使用混凝土砖墙进行修补修缮，外部使用夯土包裹并刷上白色抹墙。（图4-53、图4-54）

在外形上魏氏庄园不仅挑檐深远简洁，用材原始粗放，并且建筑层高较高，再加上建筑力量感较强，因此庄园看上显得十分宏大粗犷。（图4-55）

图4-53 魏氏庄园正面墙体（左）

图4-54 魏氏庄园侧面墙体（右）

图4-55 魏氏庄园屋檐

屋顶设计精致，宽前檐，为悬山式屋顶，屋脊两端留有燕子口用以通风排气，屋面角度呈漏斗内壁先急后缓的形状，贴合当地的气候特点，有利于通风、排水。（图4-56）

　　魏氏庄园内部窗户设置精致多变，普通的窗户雕花均具有一定福祉的象征，如蝙蝠（福）、寿桃、八仙过海等样式。特色的窗户形制上网下龛，上方网状窗花是为了保障房屋内充足的采光，下方门龛则是出于封建保守思想和私密性考虑，作为对外交流的主要通道。（图4-57、图4-58）

图4-56　魏氏庄园内部屋顶（上）
图4-57　老宅特色窗户（下左）
图4-58　老宅普通窗户（下右）

在修建新宅时，魏辅唐特意在五姨太的卧室窗户上做了标记：在窗花上下做了两个"口"字图形，喻指五姨太所生"男丁"，以此来嘉奖五姨太为魏家添丁加口的功劳。（图4-59、图4-60）

围合形成天井的同时，魏氏庄园也建造了独具特色的回廊构件——美人靠，栏杆由上部弧形栏杆和下部直栏杆榫卯相连，形成半坐半靠的舒适坐感。（图4-61、图4-62）

图4-59 新宅带"口"窗花（左上）
图4-60 新宅普通窗花（右上）
图4-61 老宅美人靠（左下）
图4-62 美人靠转角（右下）

（六）材料色彩

老宅主体结构为砖木及土木结构，墙体采用木结构和夯土墙相结合的方式，山面墙体还应用了木骨、竹片等材料。地面是由白石灰、油黄泥、砂砾、桐油、糯米粥混合精工细做而成，光滑而有弹性，多年来丝毫没有破损。檐坎是用5~6m长的青石条砌成，连台阶边的三角栏石，精料估计约有10m²，檐坎面上的石板约在2~3m²以上。（图4-63~图4-65）

老宅内部建筑装饰以木作为主，圆门方窗，精雕细刻，装饰精美，黑灰色调，外表质朴，令人叹为观止。建筑装饰以素面为主，少有颜色，即使是精细的木刻构件，也只是以黑灰色为主，主要原因是进行建筑的防虫防火处理，单色房屋显得尤为朴素。（图4-66、图4-67）

图4-63 木构（左）
图4-64 老宅石砖（右上）
图4-65 老宅石阶（右下）

图4-66　老宅内部装饰1（左）
图4-67　老宅内部装饰2（右）

新宅为标准的砖木结构，建筑材料均为大青石、砖、瓦，地板为混凝土铺成。柱子、楼梯、楼板、扶手均为木质，小方格双扇门窗相当精致，不管是青砖、青石或木制材料，至今都未显现腐朽的迹象。（图4-68~图4-70）

新老两宅的天井、廊前，都是长达7m的青石铺就的走廊，台基有滴水和明显的线脚，近似于须弥座，中部刻有花纹，水口位于侧面，且有花纹装饰。

"因其材、呈其色"是传统建筑色彩的重要特点。魏氏庄园主体颜色为黑、灰、木色，多为就地选材，除了砖瓦等人工制造材料外，大多采用原始天然材料，基本上都是材质本色的呈现，即使涂色也多为与木材本色较为接近的颜料油饰，木纹质地清晰可见。

图4-68　新宅砖木（左）
图4-69　新宅地砖（中）
图4-70　新宅走廊（右）

四、保护与传承

（一）格局保护：区划划定与风貌控制

按照《青木川魏氏庄园文物保护总体规划》保护控制要求，魏氏庄园的核心保护区范围：魏氏庄园建筑北（庄园侧面）、东（庄园背面）两面以护城渠外5m为界，南面（庄园侧面）30m为界，庄园前面以庄园外水泥路5m为界，面积1.01hm²。保护区内禁止了一切有损于建筑和原始风貌保护的建设活动。建设控制地带范围：核心保护区范围外延30m，面积1.59hm²。（图4-71）

为进一步保护魏氏庄园周边环境要素的完整性，结合《青木川镇控制性详细规划》将庄园外水泥路以北，东北侧村组及西侧农田纳入建设控制地带。建设控制地带区域内，保证建筑周边景观和环境风貌不受到破坏，禁止一切有损环境风貌的植被和景观破坏，利用高台地势以灌木丛环绕的方法进行保护。（图4-72）

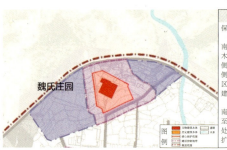

图4-71 魏氏庄园保护区划图

图4-72 魏氏庄园周边环境效果图

严格保护魏氏庄园周边的自然环境要素，保护文物建筑与周围河流、山体的整体景观风貌；对魏氏庄园规划范围内的环境进行重点整治，清除阻挡视线、后期人为添加、影响整体格局及与传统风貌不和谐的现代构筑物，对区域内电线电缆埋地铺设，对道路进行修补，去除后期水泥添加物，改用青石铺设，还原古朴自然的风貌；整治规划范围内的景观环境，通过采用带有地方特色的绿化方式，优化魏氏庄园整体景观及环境风貌。

（二）环境保护：景观整治与水系修复

以魏氏庄园为核心，结合现状周边田地建设魏氏庄园主题公园，对新老宅院进行保护和适当的修缮，展现魏辅唐时期的建筑布局与生活遗迹。（图4-73）

图4-73 魏氏庄园夜景效果图

保留魏氏庄园周边建筑风貌评估为较好的建筑，主要分布在龙延古巷沿街以及其他零星分布地区；整饬魏氏庄园周边建筑风貌评估为一般的建筑，从建筑高度、材料、立面、屋顶等方面进行整饬，使之与魏氏庄园风貌相协调；搬迁魏氏庄园周边建筑风貌评估为较差的建筑，主要集中在魏氏庄园东侧及县道309以南区域；清理魏氏庄园的排水，清理和疏浚其外部的水渠、池塘；恢复魏氏庄园东侧民居建筑，搬迁后的空间进行植被绿化，恢复自然地形地貌。

（三）建筑保护：结构加固与材料修葺

老宅建筑仍按原来的土木结构进行原样修缮，新宅建筑则按砖石结构原样修缮，建筑材料采用当地特有的青石、砖、瓦，体现地方建筑特色。整饰庄园周围建筑的外观造型、体量、高度和色彩使之能与魏氏庄园相协调。加强庄园周围的绿化建设，提高周围环境质量。同时，对于建筑本体土木结构的现状以及陕南多雨的气候条件，选择能保持其外观的涂料进行粉刷保护；对建筑基地，选择适宜的草本植物，加强绿化固土；加强排水系统建设，解决自然雨水侵蚀等问题。

第五章 辅仁中学

辅仁中学位于回龙场老街西南侧台塬之上，修建于1942年，占地80余亩，现为青木川镇的九年一贯制学校。"辅仁中学"名字出于《论语》，"君子以文会友，以友辅仁"，校训出自《中庸》："率性之谓道，修道之谓教"。校园空间是传统中轴线布局，教学楼围合的庭院环境优美，墨香书声萦绕不绝，辅仁中学以其先进的办学理念，优秀的教师队伍，庞大的教育规模，曾闻名于陕甘川三省交界。

辅仁中学早期建筑是省级文物保护单位，主要包括老校门、大礼堂以及校舍办公楼。学校功能完善，拥有教学楼、大礼堂、图书馆等教学建筑，建筑形式中西合璧，典雅大方，与魏氏庄园遥相呼应。学校雄踞山岭，俯瞰全镇，溪水环绕，绿树成荫。

一、历史溯源

民国时期,魏辅唐实际控制青木川期间,重视教育,培植地方人才为己所用,说服其大哥魏元成捐献50亩土地,个人出资,于1942年在马家坪新建学校,1947年辅仁中学正式成立,校名为"私立辅仁初级中学"。学校落成之日,相邻三省三县县长和数千乡绅商贾皆来祝贺,匾额贺联挂满镇街,舞狮龙灯、社火大戏,热闹数日,成为青木川镇有史以来最壮观的盛事,重教兴学蔚然成风。辅仁中学发展伊始有教室数十间,礼堂和教师办公楼各一座。魏辅唐为学校第一任校长,教师20多名,学生600余名。(图5-1)

辅仁中学同时作为魏辅唐沙场点兵的场所,每年正月十五都要在此召开盛大的团会,按照在册兵丁,组成方阵供检阅。同时

图5-1 辅仁中学鸟瞰图

根据士兵身体状况、精神状态决定其退留，并按照"两子征一、三子征二、独子不征"的规定征收新兵。

至宁强解放，辅仁中学共招收过三期学生，这些受过新式教育的学生中，许多人后来卓有建树，比如魏元左，毕业于重庆大学建筑系，其长子历任中国第一铁路设计院副总工程师、总工程师、副院长等职务，还担任了青藏铁路的总工程师；徐忠德就读于成都大学历史系，毕业后回到青木川成为魏辅唐的参谋长等。

1989年，辅仁中学礼堂两边的教室被拆除新建，2005年原址扩建，新建7座风格与原建筑相近的教学楼，对保留下来的大礼堂和正厅进行修缮，新建操场，学校规模扩大近两倍，基本形成现在辅仁中学的空间格局。（图5-2、图5-3）

图5-2　2008年辅仁中学老校门风貌

图5-3　2014年辅仁中学老校门风貌

2008年受汶川地震影响，辅仁中学内建筑受到一定程度损坏，学校进行了抢修性修缮。近些年，随着旅游热兴起，辅仁中学同样成为热点区域，在保证正常教学秩序不受干扰的情况下，将早期建筑区域进行装饰，休学期间供游客游览。（图5-4、图5-5）

图5-4　2008年大礼堂风貌

图5-5　2019年大礼堂风貌

二、周边环境

辅仁中学选址于整个青木川镇区地势最高且紧邻回龙场老街的区域,周边绿树环绕,不仅保证学校安静的教学环境,而且方便学生就近上下学,既免于尘世的干扰,又有便捷的交通联系。(图5-6)

另外,学校选址布局注重对景关系。老校门面向东北方向,与魏氏庄园遥相呼应,连绵的山峦就像笔架,故校门做笔架形状,形成巧妙的对景关系,更寓意人才辈出。新校门面向西北方向,学校中轴线与金溪河相平行,顺应"山水为川"的整体空间格局。(图5-7)

图5-6 辅仁中学地势关系图

图5-7 环境轴线关系图

  学校周边高大乔木密集，围合安静祥和的氛围空间，校园内部则以灌木、低矮乔木、草地搭配，形成开阔舒展的氛围空间。教学庭院内部花坛形状自由随性，植被层次丰富，碎花青石铺地，借助围墙窗花与远处山景互为借景，极具书院气息。

  周边有一条宽约1m的小径连接回龙场老街，顺应地形，形态蜿蜒，一侧为茂密树丛，从树间缝隙依稀可见回龙场老街屋顶以及金溪河风貌，另一侧从围墙窗花，能够看到学生们学习和嬉戏的场景。曲径通幽处，坐看云起时，和学校的空间氛围相得益彰。

三、空间解析

（一）平面布局

辅仁中学校园早期空间布局以"校门—大礼堂—宿办楼"为中轴线，两侧布置教学楼，呈现中轴对称布局。校园后期扩建，在综合考虑用地形状的基础上，沿用轴线组织的空间手法，植入"新校门—大礼堂"新轴线，布局形成以大礼堂为核心的"十"字轴线，统领全局空间，形式上不再严格对称，但空间利用效率大为提升。（图5-8~图5-11）

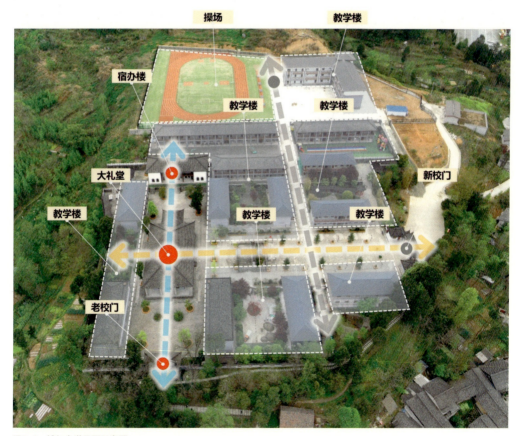

图5-8 辅仁中学平面示意图

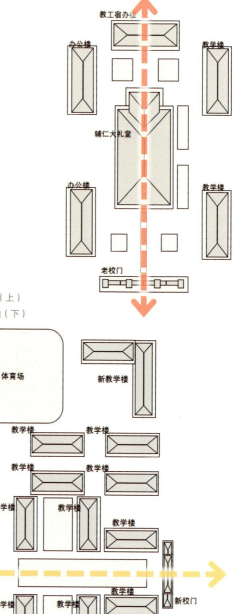

图5-9 辅仁中学原先校园中轴（上）
图5-10 辅仁中学如今校园中轴（下）

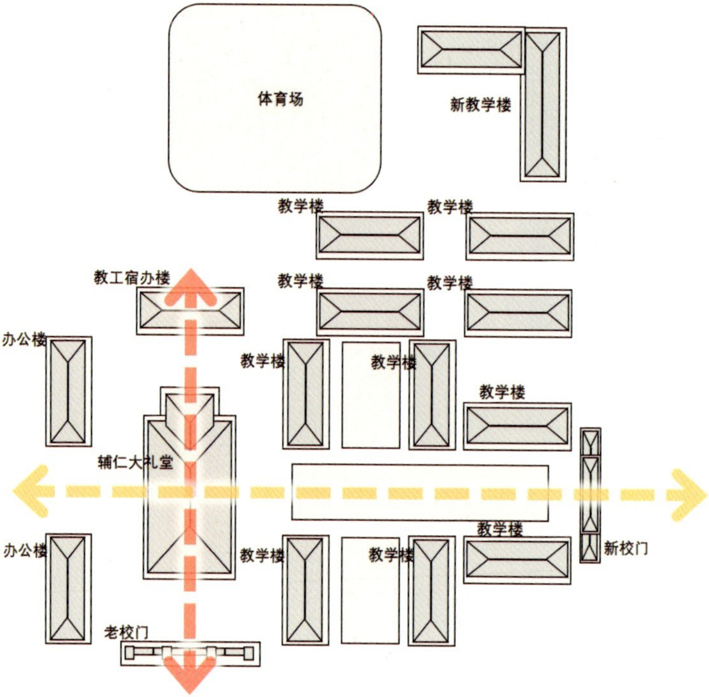

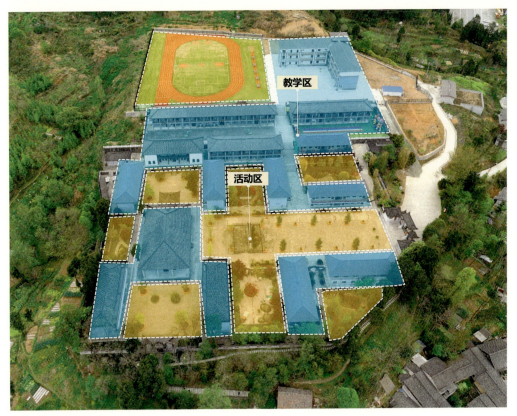

图5-11 辅仁中学动静分区示意图

  辅仁中学分为活动动态区域与教学静态区域。动态分区主要以T字形、U字形组合形成的开敞或半开敞组团空间组成，静态分区由教学楼组成。动静分区穿插分布，让校园充满活力。

  交通流线主要分为对外交通、内部交通，对象主要为在校学生、教师和游客。校园正门外道路连接回龙场老街西入口，老校门右侧小径则通往回龙场老街荣盛魁附近。内部交通主要流线以校园中轴线为主流线向各个教学楼分散。为保障教学质量及学生安全，校园教学期为全封闭状态；非教学期的旅游高峰时段，仅对外开放老校门、大礼堂及宿办楼的游览线路，尽可能减少对教学区域的影响。（图5-12）

图5-12　辅仁中学交通流线示意图

（二）建筑风貌

　　辅仁中学的建筑整体风貌注重和谐统一，讲究对称美。建筑风格主要为民国时期建筑风格，混合以西方古典主义元素，从而形成特定历史时期中外建筑相融的缩影。大礼堂以现代简洁明快的建造手法勾勒出浓厚的书院气息；其余教学楼屋身平面呈长方形，空间体块特征明显。辅仁中学的建筑材料以木构、砖石为主，其中台基主要为大块石材，建筑主体结构为木构和砖砌为主，屋身则为青砖混凝土构成，屋顶为木作和青瓦相结合。主色彩以白色、青灰色为主，屋顶均为青灰色，屋身为白灰色组合，窗花等细部构件的颜色则较为鲜艳。所有建筑屋顶均为单檐庑殿坡屋顶，屋脊笔直，挑檐略带弧度。（图5-13、图5-14）

图5-13 辅仁中学早期建筑

图5-14 辅仁中学新建建筑

（三）早期建筑

辅仁中学早期建筑分别是老校门、大礼堂以及教工宿办楼，三处建筑位于一条轴线上，正对笔架山山脊。

1. 老校门

老校门是一面高大的砖墙，宽约9m，高约5m。周围筑起高大围墙，门后有一个长方形的门房，开间约9.3m，进深约4.2m，占地约40m^2。校门酷似笔架，是魏辅唐对北面笔架山的联想，他认为笔架后面就是文房四宝，寓意学校人才辈出，令工匠把校门修建为笔架型。（图5-15、图5-16）

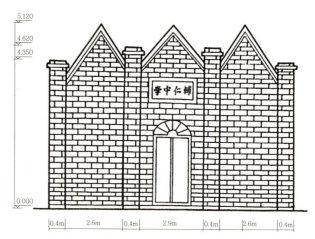

图5-15 辅仁中学老校门正立面图

图5-16 辅仁中学老校门后侧

2. 大礼堂

大礼堂位于校园正中，长约38m，宽约14m，占地约480m²。大礼堂主厅开间约8m，进深约22m，可容纳近千人，是学校召开例会、春节期间自卫队集会和辅仁剧社唱戏的地方。大礼堂后侧附属建筑为两层，开间约6m，进深约8m，为后台准备间和仓储用。大礼堂正门匾牌上写"大礼堂"，匾牌上起初题字"乐育英才"和"精神宣讲"，现如今改为"普及教育"和"提高文化"。（图5-17）

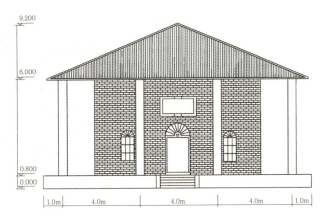

图5-17　大礼堂正立面图

大礼堂建筑空间尺度巨大，气势非凡。前部会场空间高度达9m，宏伟壮观，建筑材料采用大块木构、砖石，使得空间显得更加高大厚重。

大礼堂建筑属于民国时期大型公共建筑，特殊之处在于建筑尾部处理，大礼堂为考虑配套功能而设置的体量与主体稍有差别：楼层设置从主体建筑的一层变为两层，增加建筑实用性；窗扇从主体建筑的两组变为较为分散的单组，从而增强建筑通透性。（图5-18~图5-20）

图5-18　大礼堂内部空间

147

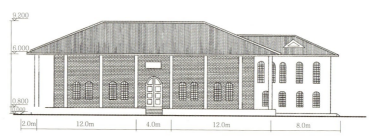

图5-19 大礼堂侧立面图

图5-20 大礼堂示意图

大礼堂建筑内部结构以传统木结构抬梁式为主，融合了穿斗式建构方式，塑造出大空间，灵活地运用"骑柱"（落地为柱，不落地的童柱为骑）这一建造手法，满足空间的各种功能需求。建筑物中竖向承重结构的墙、扶壁柱等采用砖或砌块砌筑，柱、梁、楼板、屋面板、桁架等采用木构和混凝土相结合的方式，有效延伸建筑的使用空间，降低了建筑的建造成本。（图5-21、图5-22）

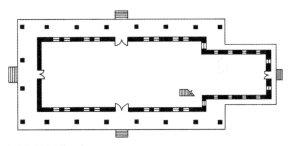

图5-21　大礼堂主体结构示意图

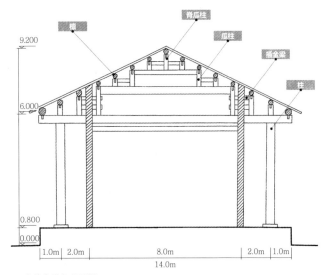

图5-22　大礼堂纵向剖面图

建筑三周由柱廊围合,柱子是方形砖砌柱式,正门有四柱,两侧各有八柱。正厅上的明柱和大礼堂的抬梁都是百年树木所制,高达数丈,粗可数围,浑圆端正。青木川地区盛产林木,居民修建房屋所选木料质量都比较好、尺度大,主要柱子柱径都在300mm左右,穿枋部分尺寸也在100mm×200mm以上,有利于营造出较大的内部空间。在部分建筑中屋脊下设脊瓜柱,将屋脊的荷载传递到两边的落地柱上,这种变通的做法可以在屋顶处营造出比较柔美的弧线,增加建筑外观的美感。(图5-23)

辅仁中学大礼堂周身为方形柱式,砖砌而成,柱式流线简单明快,上下宽度大小一致,既保障建筑荷载作用,又增加了视觉延伸感和通透感,与周边庭院形成具有活力的交流空间。

大礼堂的门窗形式较为特殊,为圆拱和长方形相结合的图形,门窗上部为放射形窗花,下部为长方格状窗花,此外,门窗外部为砖砌圆拱,使得窗户较深,显得立体感十足。(图5-24)

图5-23 大礼堂柱廊(左)
图5-24 大礼堂拱券门窗(右)

3.教工宿办楼

教工宿办楼位于大礼堂西南侧、老校址中轴线一段,为两层建筑,长约26m,宽约12m,占地约320m²。(图5-25、图5-26)

教工宿办楼两侧为通顶空置房及楼梯间,两层中央均为会议室,其余为办公宿舍用房。宿办楼作为教育辅助用房,主要用于教师教工备案、行政人员办公以及部分教工住宿。(图5-27)

图5-25 宿办楼正立面图

图5-26 宿办楼楼梯间

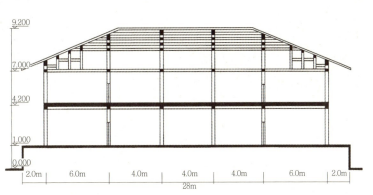

图5-27 宿办楼横向剖面图

宿办楼前侧为半开敞空间的廊道，后侧为办公宿舍用房，两侧房间向前延伸，围合柱廊形成整体。宿办楼呈现传统建筑形态，以"间"为单位按照奇数横向排布，共有五个开间，内部空间尺度宜人。（图5-28）

教工宿办楼的柱子、斗栱和梁架都很粗壮。柱廊为两根单边的传统大型建筑的承重柱，柱子上小下大，柱础为石质八边形，位于建筑正立面中轴线两侧。宿办楼不设脊瓜柱，而是直接利用穿枋和骑柱将荷载转移到两边的柱子。

图5-28 楼柱廊

各室空间结构基本相似,正面均为一门两窗,中间房间的门在窗户中央,两侧房间门靠两侧,窗户形制为上圆下方的拱券式。(图5-29)

挑出檐在当地一般都做得很简洁,装饰性的构件也比较少,教工宿办楼直接从檐柱处伸出,和檐檩接在一起。(图5-30)

图5-29 楼门窗形制

图5-30 宿办楼檐檩

四、保护与传承

（一）格局保护

依据保护规划，明确保护范围，划定核心保护区及建设控制地带。核心保护区为辅仁中学四周围墙以内，面积1.23hm^2。核心保护区内不能随意改变现状，除了必要的基础设施和公共服务设施以外，不得施行日常维护外的任何修建、改造、扩建、新建工程，影响文物建筑的建（构）筑物必须迁移或拆除，文物建筑内禁止存放影响文物安全的可燃物，禁止安排影响文物安全的活动。在建设

图5-31 辅仁中学保护区划图

控制地带内,建筑层数以低层为主,建筑高度不得超过12m,建筑形式以传统形式为主体,建筑的风格、外观造型、体量、高度、色彩等要与核心保护区内的建筑相协调,延续地方特色。(图5-31)

保护以辅仁中学为起点的两条视线通廊。在辅仁中学北门至魏氏庄园利用地形高差形成辅仁中学——魏氏庄园视线通廊,使学校与庄园之间形成对景。在辅仁中学老校门至笔架山方向形成辅仁中学——笔架山视线通廊,使老校门笔架形制与笔架山形成呼应。(图5-32)

保护校园新旧两条轴线关系。通过绿化亮化工程强化校园中轴线,分组团协调好校园景观空间、活动空间和教学空间三者关系,灵活地将建筑形式、使用功能以及校园景观融为一体,使校园布局空间和谐统一。

加强辅仁中学绿化建设,提高环境质量。保护辅仁中学周边山体环境,禁止开山挖石活动,注重校园周边植被绿化建设,营造环境优美的校园空间。

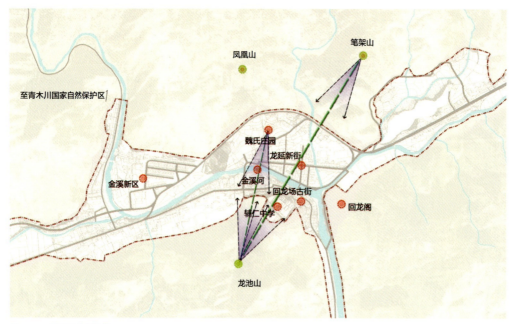

图5-32 视廊保护示意图

（二）功能拓展

校园建设应在原有校园的格局肌理上，顺应地形、顺应格局、顺应风貌。新建建筑需遵循现有校园格局，通过延伸现有轴线关系，达到顺应格局的要求；新建建筑的高度体量、构图比例、风貌特色应与原有建筑保持一致；在色彩和材质上，以原有建筑为基准，拓展应用，鼓励绿色节能环保材料；各种建筑小品应和校园建筑及其周围环境相协调，照明设计上可以适当采用一些传统的照明样式。

（三）精神传承

魏辅唐时期，辅仁中学秉承人人有书读的教育理念，年满7岁的孩子必须送去学校读书，否则父母施以杖刑，为贫苦人家免去学费，算是西北地区义务教育的先驱。现如今辅仁中学成为青木川镇九年制学校，仍然发挥着教书育人的功能。

辅仁中学将以礼待人的礼制思维作为教书育人的基本要求。学校教师的待遇很好，学校定期发放劳保服装等福利。开架子卖肉的，每杀一头猪都要给学校无偿送3斤大肉，用于改善老师和住校生的伙食。凡有重要活动或者请客，都要把老师请来坐上首。

辅仁中学凸显出来的因材施教、文化开放的教学理念是建校的宗旨所在。学校除了开设常规课程，还有外语、戏曲、武术、体育等科目，外语分英语、俄语，戏曲有秦腔、川剧和京剧，给青木川造就了一批文艺人才。

第六章 装饰艺术

装饰艺术是建筑的细部构造，体现建筑艺术和文化底蕴。无论是木质的门窗、梁枋，石质的柱础、石器，还是各色各样的瓦当滴水，无不蕴含着青木川镇的古风古韵和营建智慧。

一、基本分类

青木川镇的古建筑群古朴精美，保留了大量的建筑构件，主要有门、窗、栏杆、屋脊、瓦当、滴水、柱础、石器、照壁❶、梁枋、斗拱❷、山墙。通过分类梳理，装饰艺术主要包括木构、瓦制、砖石、彩画以及山墙。

门、窗、栏杆都是木质，将它们划归为木构；屋脊、瓦当和滴水均为瓦制，因此将它们划归为瓦作；将柱础、石器、照壁划为砖石。梁架主要由柱、梁、枋等构件组合而成，其中每一种构件都有特定的装饰手法与之相适应，梁枋通常被置于建筑的横材（梁、枋）与竖材（柱）相交处，绝大多数古建不设天花板的做法也使得梁架结构暴露在人们的视线中，成为古建装饰的又一重要部位。在木构建筑体系中最显著的构件当属斗拱，并且在房屋承载以及立面效果上占有举足轻重的地位，梁枋和斗拱很多都有精美的彩绘，因此将梁枋和斗拱均归到彩画这一类。由于山墙和其他建筑构件有所不同，故作为装饰艺术中单独一类。

二、主要内容

（一）瓦作

青木川镇的建筑通常会在屋脊中部做脊花，样式较多，从材料上分有石雕的、砖砌的、瓦片垒砌的，花式有十字花、五角等，这些脊花形式多样、材料多变，各种形状都含有吉祥如意的含义。大部分建

---

❶ 影壁，亦称作照壁、影墙、照墙，是古代寺庙、宫殿、官府衙门和深宅大院前的一种建筑，即门外正对大门以作屏障的墙壁。

❷ 斗拱，又称枓栱、斗科、欂栌、铺作等，是中国建筑特有的一种结构。在立柱顶、额枋和檐檩间或构架间，从枋上加的一层层探出成弓形的承重结构叫拱，拱与拱之间垫的方形木块叫斗，合称斗拱。

筑屋顶的脊角部分也处得很细致，一般都会随着屋脊向上方起翘成为翅状，这种造型给人一种展翅欲飞的感觉，是当地的一种吉祥图式（飞黄腾达）。

1. 屋脊屋顶

建筑屋脊多采用简单大气的花卉屋脊，格调自然，端庄有序（图6-1）。青木川的屋脊多为花纹（图6-2），也有以瓦片堆积的屋顶造型（图6-3）。

图6-1　魏氏宅院新老宅院屋脊（上图为老宅院，下图为新宅院）

图6-2 花纹屋脊

图6-3 普通瓦片堆积的屋顶

2.瓦当和滴水

瓦当上面往往刻有图案或文字，也会用到"朱雀""玄武""青龙""白虎"。不同历史时期的瓦当，有着不同的特点。滴水是屋檐最前端的一片瓦，瓦面上带着有花纹垂挂圆形的挡片。青木川镇的滴水，多用兽面作为图案。根据滴水上所绘内容的不同，滴水主要分为文字滴水和绘画滴水两种，民居建筑和一些公共建筑为兽面滴水，图案为龙形，特点鲜明（图6-4、图6-5）。魏氏宅院的滴水又有所不同，老宅中滴水上有一"日"字，周围有花纹堆砌，造型别具一格（图6-6、图6-7）。

图6-4　辅仁剧社的龙面滴水

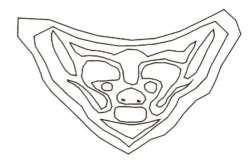

图6-5　龙面滴水图案

图6-6　魏氏老宅"日"字型滴水

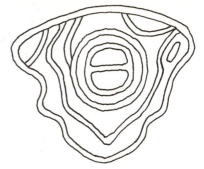

图6-7　日字形滴水图案

163

（二）木构

1.窗花

青木川镇传统民居有众多精美的窗花雕刻，技术精湛，堪称一绝，图案取材广泛，有几何图饰、戏曲场面、神话传说、奇禽异兽、民风民俗以及花鸟鱼虫等。窗户形式多样，且各类窗格图案均有不同的变换手法，几乎每扇窗格的外表加工都非常细致，受力均匀，线条流畅，布局巧妙。窗花中的花，多为梅花、桃花，鸟多为喜鹊、凤凰，兽类主要为龙、山羊、麒麟等。堂屋前门的窗花最为讲究，连排为四朵或六朵窗花，正方厢房窗户一般也由雕刻精美窗花构成。

窗花主要分为以下几类：

方格形窗花：此类窗花造型简单，形制整齐，分布最广、数量最多，民居建筑及商业建筑均有使用，民居中使用较为普遍。（图6-8、图6-9）

图6-8 荣盛魁的方格形窗花（左）
图6-9 民居建筑中的方格形窗花（右）

喜字形窗花：这类窗花造型精美，并伴有植物花纹，窗花多为自然景致。喜字形窗花，多分布在魏氏宅院和荣盛魁等公共建筑中，窗花上的喜字样式清晰可见，"喜"字与其他形象组合成图案，给人一派庆贺气象。（图6-10、图6-11）

万字形窗花：此类窗花因来源于民间的万字符"卍"而得名，万字纹也叫万字拐、万字锦，由于其四端向外延伸，互相连接，民间也叫作万字不断头、万不断，取其寓意富贵不断。万字形窗花主要用于烟馆（图6-12）和一些民居建筑中，此类窗花造型井然有序，古朴大气。

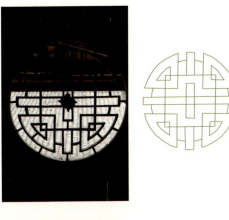

图6-10　荣盛魁的喜字形窗花（左）

图6-11　喜字形窗花图案（右）

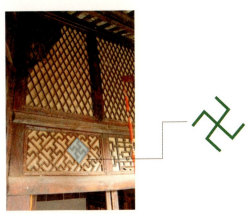

图6-12　烟馆万字形窗花

其他类型窗花：这一类窗花多分布于魏氏宅院和公共建筑之中，造型丰富，富丽堂皇，窗花上多有花卉图案（图6-13），有的还有福禄寿的图案（图6-14），寓意美好，同时体现建筑主人尊贵的地位。

2.门

青木川镇古建筑拥有"六合门"（图6-15）。所谓"六合门"，即用六扇"隔扇"装修堂屋。崇尚"六合"，意在追求完美。上下前后左右，一共六面，合在一起，"六合一统，完美圆满"。"六"谐音"鹿"，"合"谐音"鹤"，鹿、鹤象征长寿，"六合门"寓意"长寿门"，魏氏宅院魏辅唐母亲的房门就是典型的"六合门"。

3.穿枋

穿枋出挑的做法大致可分为单挑出檐、双挑出檐和三挑出檐等，大多住宅类建筑采用单挑出檐，干练简洁，规模较大的公建则采用双

图6-13 魏氏宅院的花卉图案窗花

图6-14 魏氏宅院的"福禄寿"窗花

图6-15 魏氏宅院六合门　　　　　　　　　图6-16 双挑出檐的穿枋

挑（图6-16）和三挑出檐的做法。同一个建筑中也可能由于功能的需要，出现不同的出挑做法。从穿枋的形式来看，部分建筑采用将一根完整的枋穿出檐柱出挑的方式（即"硬挑"做法）；还有的采用了短枋出挑承重的方式（即"软挑"做法），其中以后者做法居多。

4.栏杆

常见的栏杆种类有直栏杆和美人靠两种。栏杆一般很少作装饰，栏杆高度在800~1000mm不等。直栏杆最常用的是圆柱刻纹，圆柱的直径大概在80mm左右，简单大方（图6-17）。美人靠则是一种优美的栏杆形式，有着漂亮的弧形靠背。这种栏杆构造相对复杂，由下部的直栏杆部分和上部弧形栏杆榫卯组合而成，魏辅唐的新老宅院，以及部分公建中都出现了美人靠（图6-18）。

5.牌匾

青木川大多数公共建筑都有样式各异的牌匾，尤以魏氏宅院为典型，如魏氏宅院正门上的"卫国卫民"（图6-19），老宅中的"西秦胜境"（图6-20），后院的牌匾，新宅中的"宁静致远"、"名振三边"（图6-21）、"遗惠桑梓"等，这些牌匾无不彰显当年魏辅唐在陕甘川交界区域的显赫影响力。

图6-17 烟馆栏杆

图6-18 美人靠

图6-19　魏氏宅院正门牌匾

图6-20　魏氏宅院"西秦胜境"牌匾

图6-21　新宅"名振三边"牌匾

169

（三）砖石

1. 柱础

柱础一般为圆形或正多边形，有的柱础较为复杂，圆形、正多边形、退台梯形等在垂直方向上分为二、三截组合，柱础上面都刻有花、兽等精美的图腾（图6-22）。

柱础作为一种古老传统的承重构件，其作用主要是为了保护木头柱子的底部，经过漫长的演化，变得极具装饰性。青木川镇的柱础式样繁多，常见的有狮子造型（图6-23）、四方造型、六角形，柱子一般都做成三段式，非常精美。

2. 石器

太平池主要是防火用的，较大的池子中平时放养金鱼，所有的太平池都会做精致的雕刻（图6-24）。魏氏宅院还有一些用于台阶装饰的石器，多以动物形象出现，造型精美，形神兼备，反映了当地精巧的建造工艺（图6-25）。

图6-22　唐世盛柱础（左）
图6-23　魏氏宅院柱础（右）

图6-24　魏氏宅院太平池

图6-25　魏氏宅院台阶石器

3. 照壁

照壁广泛出现在传统院落空间布局中，魏氏宅院和瞿家大院均有照壁（图6-26），制作精美，造型独特，彰显魏家和瞿家当年显赫的家族地位。

（四）彩画

1. 梁枋彩画

穿枋和梁都是横向的受力构件，青木川镇的屋架以穿斗式为主，横向构件也就以穿枋最为常见。

大多数建筑梁枋由于年代久远，多为原木色。梁枋彩画保留较为完整的是辅仁剧社的彩画，多绘牡丹、山水、火焰，大气中体现出羌族独有的民族文化（图6-27）。荣盛昌的梁枋上也存在一些彩画，彩画上绘毛笔和花纹，有"妙笔生花"之意（图6-28）。

图6-26 瞿家大院照壁

图6-27 辅仁剧社梁枋彩画

图6-28 荣盛昌"妙笔生花"梁枋彩画

图6-29 辅仁剧社斗栱

2. 斗栱彩画

主要存在于辅仁剧社内,其斗栱色彩以青绿色为主。与上下梁枋的青绿彩画形成清新优雅的效果(图6-29)。

(五)山墙

回龙场老街尚存一些"燕子口"外山墙,民居建筑山墙多为人字形的土坯墙(图6-30),起到防火和承重的作用,少数建筑为"一字型",上墙顶端为一条线,中间有突出的屋脊。

图6-30 人字形山墙

第七章 名镇展望

　　青木川古镇演绎着秦巴文化动人的韵律，诉说着民族文化交融的故事，吟唱着大量与生活形态息息相关的民间文化小调，是一旦消逝就难以寻回的珍贵资源与宝贵财富。对古镇的保护和合理利用，是对中国历史文化遗产的保护，是对中国传统文化的尊重，更是对中国特色地方文化的继承。依托深厚的文化底蕴，青木川镇有着广阔的发展空间，有着创造无限精彩未来的可能，青木川的明天将成为中国西部一张耀眼的古镇名片，为中国历史文化名镇的保护书写绚丽的篇章。

一、理念与管理

（一）大时代下谈理念

作为历史文化的重要载体，历史文化名镇的保护关系到地域文脉的延续以及中华文化基因的传承。新时代新常态下，对历史文化名镇的保护提出了新的要求，亟须更新名镇的保护与建设理念，创新工作路径和方式，解决好青木川镇发展中出现的问题。

1. 青木川镇保护历程回顾

回顾青木川镇的保护历程，可分为三个阶段：

（1）第一阶段：以文物保护为中心（2002~2008年）

主要通过申报文物保护单位的方法对重要的历史遗存进行原址保护。2002年，青木川老街建筑群被县政府公布为第二批县级文物保护单位，范围包含以魏辅唐新、老宅院、回龙场老街以及洋房子、辅友社、船形屋为主体的所有清代和民国建筑及辅仁中学礼堂；2008年，青木川老街建筑群被陕西省人民政府公布为第五批省级文物保护单位；2013年，青木川老街建筑群和魏氏庄园被国务院公布为第七批全国重点文物保护单位。

积极实施文物古迹、历史建筑、传统民居保护和修复工程，对核心区域内古建筑群进行修缮，修旧如旧，基本确保文物古迹原真性；对核心区以外新建及改扩建建筑，在造型、高度、体量、色彩、风格等方面保持与古镇和谐统一，努力做到建新如"旧"。

（2）第二阶段：名镇保护制度基本建立（2008~2019年）

2010年青木川镇被列为中国历史文化名镇，标志着青木川镇的保护工作迈入名镇制度基本建立的阶段。通过编制一系列规划，以协调历史文化名镇保护与城市建设、旅游开发的关系，对现有历史文化遗产的价值充分挖掘和保护，在开展全面翔实调查研究基础上，制定切实的规划方案。

2008年汶川地震导致青木川镇部分历史建筑受损，《青木川镇历史文化名镇保护规划》在此背景下编制而成。此规划对镇内的国家级和省级文物保护单位的受损情况进行评估，制定了完善的古建修复计划，奠定了青木川镇的传统文化基调。

2012年，《青木川文化旅游名镇建设规划（2012—2020年）》提出整体保护古镇的山形水势，对重要地段和重要节点提出保护要求，同时设立新区，其选址与老城形成"城如太极"的山水格局。

2014年，《青木川镇总体规划（2014—2030年）》坚持保护优先的原则，通过划定城镇空间增长边界和核心景区范围、严控用地类型比例等措施，保护原住民的生活、山水生态格局、延续传统文化。

（3）第三阶段：整体性保护（2019年至今）

2019年《青木川镇历史文化名镇保护规划》以及《青木川老街建筑群保护规划》的编制，标志着青木川的保护逐渐迈入整体性保护的阶段，这意味着保护历史文化遗产不仅要保护物质实体环境，而且要保护其人文环境，使之与整个城镇社会、经济生活更加密切相关。

《宁强县青木川镇历史文化名镇保护规划（2019—2035年）》构建了青木川镇的整体保护体系，注重整体格局保护，结合自身特色，实行分层次保护体系，构建"有形的遗产、无形的遗产"两大类别，镇域、中心镇区、文物古迹三个保护层次；《青木川老街建筑群保护规划（2019-2035年）》同样强调整体性保护，遵循"整体保护、全面管理"的要求，划分整体格局、文物建筑、历史环境三个层次，真实、完整地保护并延续青木川老街建筑群及其全部历史信息。

基于以上梳理，可将青木川镇的保护历程从"保护对象、保护理念及保护方法"三个方面进行总结。

保护对象从文物建筑单体到城镇山水格局，从物质空间转向非物质的传统文化，进而延伸至对原住民的关注，保护对象不断扩大，在青木川镇的保护中逐渐搭建了一个涵盖从物质到非物质，从实体空间到人文精神，从保护本体到服务对象的全方位的保护体系。

保护理念从《建设规划》将辅仁中学教育职能剥离至新区，并将回龙场老街规划为文物古迹用地，对原住民实施搬迁安置，到后来

《总体规划》对此进行调整，辅仁中学的教育职能不再剥离，回龙场老街调整为居住用地，不再建议对原住民实施搬迁，这是一种理念的更新，从对立到融合到统一，原住民的主观能动性逐渐被调动，生活水平得到改善，服务设施基本实现共享。

保护方法从划定核心保护区和建设风貌控制地带的二维划定到对城镇山水形胜格局关键区域的三维控制，从对地域文化的展示传承到空间演绎，从自上而下的精英规划到上下结合的统筹兼顾，更注重原住民的需求。

2. 保护工作面临问题

（1）保护管理工作系统性不强

保护责任不明确，相应的保护管理制度没有建立健全，保护管理工作和治理能力亟待提升。青木川老街建筑群，房屋使用及产权复杂多样。青木川镇虽有2处全国重点文物保护单位、2处陕西省文物保护单位，却没有文物管理机构，专业技术人才匮乏。缺乏文物保护工作协调机制，特别是文化旅游、文物、住房城乡建设、自然资源等部门的联动机制。除制度体系、机构人员等因素外，古镇要得到持久有效的保护，经费是重要保障。青木川老街建筑群文物分布密集，建筑总面积大，文物的日常保养维护必不可少，但目前保护资金缺乏，保护工作常常难以有效开展。

（2）保护对象整体性不足

历史文化遗产保护存在"重单体、轻整体"，"重本体、轻环境"等问题。保护更多地注重对单个对象的保护，而对整体聚落格局，跨区域文化线路等遗存重视不足，缺乏系统整合，虽然近几年开始注重整体性保护，但尚未形成完整保护体系，不能展现真实、立体、全面的青木川历史文化；同时，注重历史遗产本体的保护，而常常忽视对构成遗产环境的自然生态环境和山水格局保护修复。

（3）保护利用方法亟须加强

青木川老街建筑群居住的大部分是当地居民，对民居建筑的保护意识薄弱。目前旅游业是他们经济来源的重要方式之一，近年来,随着古镇旅游业的兴起,每年接待外来游客的数量不断增加,经济收入不断提高,旅游业与古镇保护之间的矛盾也逐渐突出,但当地居民大都会选择前者,以获得更高的经济收入和更好的生活条件。

建设性破坏、保护性破坏时有发生。历史街区上大部分是砖木混合的合院式建筑,木结构易腐朽,由于经年累月的风吹日晒雨淋,加之建筑本身年代久远,留存建筑均有不同程度的损坏;在建设过程中,实行拆旧建新,将部分破旧建筑替换成"仿古建筑",形成"破坏性保护",使镇区格局风貌、古建筑遗存等遭到不同程度的人为破坏。

(4)文化传承认识尚有偏差

青木川镇是羌族文化、乡绅文化、巴蜀文化等多种文化的汇集之地,历经百年传承留下的傩戏、羌绣等民间艺术,魏辅唐兴办教育、经贸营商、修路筑桥等名人事迹,逛庙会、祭山神、坐茶馆、山歌对唱等民俗文化活动,是其文化魅力重要组成部分。但人们对非物质文化遗产保护意识淡薄,相关部门认识不到位,尤其是对非物质文化遗产的"不可再生性"及其加速消亡的现实缺乏足够的重视,没有形成合力,使一些非遗项目因没有得到及时有效保护而濒临消亡。同时,民间文化项目参与人员越来越少,大多数非物质文化遗产的生存空间逐渐萎缩,传承者和受众群体均出现明显断层。

3. 保护发展理念

历史文化名镇的保护与发展历来是国家和学术界关注的热点,保护城镇"原真性"、注重城镇发展二元性、弹性空间和完整的城镇轮廓线、有机更新中的新旧建筑和谐共存是目前较为前沿的保护发展理念。结合青木川镇的发展特点和面临的问题,其保护与发展应该秉承"整体保护、有机更新、以人为本"的理念,更多地关注人地关系、文化原生性、保护完整性等问题。

(1)坚持整体保护观,彰显古今融合

青木川镇不同的发展时期反映不同的时代特点,以保护作为应对发展挑战的首要前提，需坚持整体保护观。一是古镇的整体风貌和空间形态，二是古镇的生活形态和非物质文化遗产。应重视挖掘各级、各类历史文化资源的特点，厘清其时间、空间、专业和文化特性的关联性，使孤立的历史文化资源成为有机联系的整体，在整体保护的基础上彰显古今融合特色。

古建筑群规模宏大，古镇、古街、古建筑目前结构完好，虽经汶川大地震而无恙。因此，应在保护古镇整体格局的基础上，对视线通廊、重要地段、重要节点进行保护，以期更好地展现青木川镇的传统文化。其次，针对历史街区和历史建筑，应遵循建筑实体整体保护，建筑功能有效置换的基本原则。

（2）坚持有机更新观，促进可持续发展

"有机更新"是指从原有的城市肌理对城市进行有机更新，其特点是维持城市整体性、延续地区文脉、不破坏本地区原有特征，循序渐进地实现更新。在强调保护优先的基础上，凸显地方特色，推动青木川历史文化名镇实施有机更新。采取留改建相结合，以保护传承、优化改造为主，拆旧建新为辅，对名镇进行全方位保护，在有机更新中融入现代城镇发展理念，推动历史文化保护与旅游、体育、商业等行业融合发展，鼓励、支持对保护保留建筑进行活化利用。

活化利用是历史文化名镇保护的时代要求，也是对历史资源最好的保护方法之一。青木川古镇的古建筑不仅具有历史的、文化的、情感的象征价值，同时还具有使用价值，大部分历史建筑都处于使用状态，青木川古镇应以"功能复兴"为主导，积极探索历史遗存活化利用的多元路径，充分发挥历史文化遗产在当代城市发展中的积极作用，结合文化旅游产业和其他高附加值的环境友好型文化创意产业，重新赋予古镇新的再生活力，进一步提高和改善当地民生，繁荣古镇的经济和生活，积极融入现代化进程。

（3）坚持以人为本观，推动活态传承

任何一个古镇的历史，都是人类历史的一部分，是全社会和全人类的精神文明财富。以人为本，保护利用古镇，使之流传后世，永续利用，刻不容缓。青木川镇文化的保护与传承应充分突出居民主体地位，原住民是文化传承和名镇保护的主体，一定要让他们真正参与到名镇的保护和经营活动中来。将名镇还给原住民，让原住民有权利、有条件享受现代生活，实现原住民与城镇融合共生，让文化传承具有真实性和持续性。

青木川镇处三省交界，集多元文化之荟萃，历百年传承，留存丰富文化遗产，活态传承是芳华再显的必由之路。重视非物质文化遗产项目，扶持代表性传承人，给予光辉荣誉、资金扶持、帮助传授弟子等，促使文化技艺久久传承；在符合保护规律的前提下，对非物质文化遗产进行生产性保护，构建具有造血功能的完整系统，促进传承发展良性循环。

（二）大格局下谈管理

文化资源保护是传承古镇文脉精髓的基础，文化资源开发利用是顺应时代发展浪潮，发扬文化瑰宝的重要手段。城镇文化资源的开发受多方利益主体、文化保护、居民生活等多重因素影响，具有产权关系复杂、开发利用不可逆、开发周期长等特征，因此开发运营模式的选择面临诸多困难和挑战。

1. 开发运营模式综述

根据旅游运营主体的不同，古镇旅游开发模式主要分为政府主导型、政府主导的项目公司型和经营权出让型三种。其中政府主导的项目公司型是当下古镇旅游开发的常见模式，其他模式各有侧重，优劣不一。

（1）政府主导运营模式

政府主导运营模式，即政府是旅游资源的主要开发者、保护者。建设资金主要依赖政府财政，主要收益为国有，通过门票等各类收益维持景区运行。江苏省周庄古镇是该模式的典型代表。

周庄古镇由政府牵头出资主导对景区进行规划建设，提倡以"居民利益为首位"。该模式下旅游开发更具有约束力和号召力，更注重生态环境和历史文化的保护性。但产业市场调节程度低,消费产品同质化严重,资本吸纳能力有限,居民增收与政府的经营目标、政策规划以及当地的经济情况有关。

(2)政府主导的项目公司模式

政府主导的项目公司模式也称"平台模式",即政府成立旅游开发项目公司,相关资产以政府财政划拨的形式注入项目公司(或者以资产作价形式出资,资产所有者拥有项目公司相应的股权),项目公司以政府组织注入的资产为抵押,向银行借款,获得的资金用于古镇旅游项目的开发,旅游开发所获得的收益用于偿还银行借款,如此滚动开发古镇旅游。浙江乌镇是这一模式的主要代表。

乌镇文旅开发之初组建乌镇旅游开发有限公司(以下简称"乌镇旅游公司"),负责景区的资源开发、经营管理、资本运作及景区内各项建设工作,当地政府和管委会发挥辅助和监督作用。乌镇旅游公司全资买断其产权,将其所有权无偿划归桐乡市政府的资产,商铺、酒店、餐馆、文娱场所等盈利性资产的管理权属乌镇旅游公司、经营权属原住民及经营者。

该模式下开发者高度控制居民搬迁、经商管理、民居保护等,保证古镇能按照规划建设取得良好效果,公司利益得到较大保证,但景区过度开发和商业化,原住民参与度低,降低古镇文化体验的质量。

(3)经营权转让模式

经营权转让模式,即政府初步开发旅游资源,后将开发运营权转让给第三方投资商,政府主要负责公共服务和基础设施建设,旅游开发项目由投资方自主决策、自负盈亏。此类古镇建设以开发商盈利为主要目的,景区管理多采用全封闭模式。浙江南浔古镇是这一模式的主要代表。

南浔古镇发展之初向上海博大投资发展有限公司转让30年运营权,实施所有权和经营权分离,古镇发展运营高度依赖公司化市场运作,旅游项目建设、产品体系构建及市场营销与品牌宣传等快速完成,较短时间打造出"江南大宅门"的旅游品牌,并收回保护与旅游开发资金。

该模式下促使古镇保护与旅游开发快速步入发展轨道,但经营权转让使当地政府仅得到微薄的出让费及利润提成,原住民较难得到发展的红利,利益被损害,资源过度开发,保护情况较差。

2. 发展趋势研判

近年来,古镇文旅开发投资热潮迭起,在经济发展由量变到质变的转换带动下,正在由粗放式发展进入精细化发展的轨道。文旅业态由观光型向休闲度假型迭代升级,运营管理模式由粗放化进入专业化、规范化、精细化是发展趋势。

(1)项目类型:由多元化向精细化转变

游客对消费需求已从游览自然风光转向高品质旅游体验和旅游服务。古镇依托初级的自然和文化资源开发,较难在旅游市场中脱颖而出。未来需更加重视景区内部各运营项目的产品服务类型、空间体验以及感官体验等。

(2)运营理念:由保护"物"到保护"人"转变

"古镇保护中人是最关键的,古镇有人在,古镇就在。"(阮仪三)有原住民存在,才有古镇的烟火气,原住民赋予古镇物质文化生命。古镇开发运营应更加注重原住民的保护。

(3)运营内容:由空间建设到管理运维转变

古镇文化传承与保护、产品开发利用、空间环境风貌塑造等方面的理论研究和实践已形成较为成熟的体系,但各类古镇的开发运营模式各具特点且差异明显。因此如何整合古镇的资源要素,促进多方利益主体合作,探寻适合于自身的运营模式尤为重要。

(4)运营技术:由经验指导向数据指导转变

伴随大数据、5G等新技术的普及,经验判断已较难指引古镇发展,管理者可通过大数据将各类运营管理数据精细化呈现,进一步获取游客需求、喜好、感受体验等,将既有的运营经验通过数据转化为运营指导,实现景区以数据为支撑的可视化运营。

3. 青木川镇开发运营模式建议

青木川镇现在的开发运营模式是"政府主导运营模式",该模式下历史文化资源保护良好,原住民居所和意愿得到充分保护,但面临外来企业投资力度不足、产业同质化严重等问题。根据青木川镇的发展特征,借鉴其他古镇发展经验,未来可考虑分区域引入"政府主导的项目公司模式"和"经营权转让模式"。

青木川镇核心景区文化遗存丰富、原住民聚集、公共服务和基础设施完善,但景区产业体系、旅游服务体系、产品开发体系单一,宜采用"政府主导的项目公司模式"。重点引入外来经营者,积极发挥市场导向,构建良性竞争机制,推动原住民服务和经营意识觉醒,夯实产业经营的持续动力;核心公共建筑,逐步收回建筑产权,全面保护,全新开发利用;选择适宜商户、项目、片区,联合公司共同经营,优化现状业态,提升重点节点服务品质。

青木川镇其他片区(玉泉坝村、东坝村、蒿地坝村、白龙湖片区)生态条件优良,整体开发程度低,其中白龙湖景区、玉泉坝老街、瞿家大院及周边区域发展潜力大,宜采用"经营权转让模式"。建议在落实生态红线和国家级自然保护区管理要求的前提下,全面开发建设,引入休闲康养、特色民宿体验等产业,拉大青木川镇域旅游服务骨架,丰富旅游服务体验。

二、保护与传承

如何保护和展示历史遗存,彰显地域文化魅力,持续历史城镇的活力,成为青木川镇发展进程中不可回避的议题。

(一)于时代中保护

青木川镇拥有悠久的历史,深度剖析文化和自然价值及属性在古镇历史长河中的层层积淀,挖掘不同年代的价值,根据调查与特征分析结果，明确保护对象，分类分级进行保护。聚焦前沿理论与技术，创新保护方法与手段，实施全面动态的保护措施。

1. 建立名镇全面保护体系

结合青木川镇自身的特色，实行分层次保护体系，每个保护层次保护的侧重点有所不同。有形的遗产方面，镇域侧重自然要素、风景名胜、历史村落、文化线路；镇区侧重整体格局、整体风貌、历史街巷、视线通廊；文物古迹侧重文保单位、不可移动文物、历史建筑及名木古树。无形的遗产则包括非物质文化遗产、历史人物、历史事件、特色文化等。（图7-1）

2. 确立历史文化保护格局

青木川镇的保护格局可归纳为：一核、两轴、三区、多节点。

一核：指青木川镇镇区。镇区处于将军山、龙池山、笔架山环抱之间，是具有保护价值的历史建筑、古遗址、古墓葬、古树名木等分布的核心区，是古镇秦巴、陇南等文化的核心载体，主要包括回龙场老街道、龙延新街、金溪新区共同构成的区域。

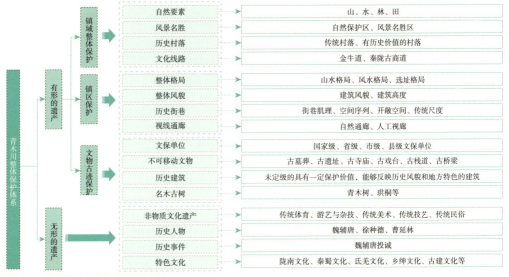

图7-1 青木川历史文化名镇保护体系图

两轴：指东西历史文化轴和南北生态轴。东西历史文化轴起于南坝村，跨青木川镇区—东坝村—李家院村，到达玉泉坝村，在嵩地坝村结束。另外是贯穿青木川的南北轴带——从青木川国家级自然保护区往南，穿过长沙坝村，再至青木川镇区，往南到白龙湖地区。

三区：指玉泉坝片区、自然保护区片区和白龙湖片区。玉泉坝片区是除镇区外，保护要素最集中的区域，以观音庙为代表的历史建筑，以养生潭为核心的自然要素均集聚于此；青木川国家自然保护区片区，生态条件优良，保护价值极高，古树名木分布密集，并有以马家山古栈道遗址为代表的众多历史要素；白龙湖片区是未来发展的潜力地区，生态资源优势突出，山水环境优良。

多节点：镇域范围内多个具有保护价值的节点，以黄家大院、西沟西楼等为代表的诸多文化遗存。

3.构建空间分区管控体系

根据文物古迹分类和老街区现状条件，结合自身情况和周围环境，将青木川镇镇区的保护范围分为3个层次，即核心保护区、建设控制地带、环境协调区，并分别提出保护原则和建设要求。

（1）核心保护区

包括青木川老街建筑群、魏氏庄园、辅仁中学、袁家坪传统村落、瞿家大院以及魏家老宅的核心保护区。该范围内除必要的基础设施和公共服务设施外，不得进行新建、扩建活动。其保护主要遵循以下原则：

①最大限度地保护核心保护区的文物古迹，真实、全面地保存并延续其历史信息及全部价值。原址原状保护历史遗存，任何建设活动都不得破坏历史真实性。

②最大限度地保护原有的空间环境，包括青木树、辅唐泉、怡沁泉、辅唐渠、飞凤桥、铁索桥、回龙阁以及其他节点标志物等。

③注重核心保护区基础设施水平的改善和提高。

（2）建设控制地带

包括青木川老街建筑群、魏氏庄园、辅仁中学、袁家坪传统村落、瞿家大院以及魏家老宅的建设控制地带。在该范围内的建设工程不得破坏古镇整体环境和历史风貌。建（构）筑物在形制、体量、高度、色彩、材料等方面都应与历史风貌相适应，还应控制对核心保护区的安全和安静产生不利影响的因素。理论上，该范围内不应有较大的建设活动，若存在较大建设活动和环境改变应由专家评审。

（3）环境协调区

为保证整个古镇风貌环境的整体性所必须控制的地段，包括龙延新街、魏家坝、沈家坝、东坝、南坝、袁家坪等。环境协调区同样需要控制建筑风貌，建（构）筑物在形制、体量、高度、色彩、材料等方面都应与历史风貌相适应，但可适当放宽要求，着重控制古镇风貌现代化的趋势。（图7-2）

图7-2　镇区历史文化保护区划图

（二）于保护中传承

习近平总书记指出："不忘历史才能开辟未来，善于继承才能更好创新。"传承和发展永远是联系在一起的。"承百代之流，而汇乎当今之变"（冯友兰先生《贞元三书》中《新世训》的自序），任何对历史遗产和传统的继承，都要包含着改造、转化、发展和创新。

1. 街区更新

（1）新旧街区建筑空间的整合

整合回龙场老街与龙延新街之间的建筑空间形态，促进新老建筑之间的风格连续性和视觉形象的协调统一。在平面构成、空间尺度、韵律变化、建筑风格等方面，吸取传统建筑的构成特征，形成新的主题，以达到空间内涵上的延续。建筑个体层面做到良好的尺度、比例、材料、色彩、装饰等方面的控制。

（2）更新模式

模式一：历史建筑保护与修复。历史建筑原有的结构尽量保留；当历史建筑被植入新功能时，应修复或加强原建筑结构，并采用与老建筑相协调的材料和构造方式；在对建筑进行修复之前，必须针对具体建筑进行全面细致的勘察和研究，修复工作中所有的步骤也必须记录备档。回龙场老街内民居可通过局部改造，成为餐饮、商店、休闲娱乐场所、博物馆等，实现功能的有效转化，发挥更大的作用。

模式二：历史街巷的有机更新。龙延新街坚持保护与开发相结合的原则，在保护的基础上，挖掘新文化、构建新空间、引入新功能，实现街区内部自身有机更新。

2. 非物质文化遗产的传承

（1）提供多方位的展演平台，现场亲身体验

定期举办秦腔音乐节、傩戏舞蹈节、川剧戏曲节等大型节事活动；每周在回龙场老街设置剧社，将具有一定知名度的傩戏演艺项目以定期巡演的形式表演，强化既定知名度，将非物质文化遗产的现状和创新形式展示给人们；建立音乐博物馆、舞蹈博物馆、戏曲曲艺展示馆等，将

高科技应用于非遗的展示中,让游客全方位体验非遗的魅力。开辟展区展示伴奏乐器、演员行头等物品,并由专业人员演示和介绍。

(2)发展非遗文化产业,加入创意体验

非物质文化遗产具有无限的商业机遇,主要体现在非物质文化遗产为主题的旅游商品上。将庙会等非物质文化遗产进行创意包装与创新定位,加入现代文化消费理念,使其更加符合现代游客的旅游消费需求。发展非物质文化遗产文化产业,将青木川最具地域特色的民俗风情进行展示,举行民俗演绎,吸引游客参与体验青木川婚嫁习俗,定期举行庙会,吸引游客参与庙会节庆活动。

(3)建立健全非物质文化遗产知识产权制度

建立优秀民间艺术家、优秀民间文艺工作者的申报、审核和命名、表彰、奖励机制,鼓励传承和传播优秀民间文化,设立"青木川镇优秀民族民间艺术家奖励、扶助金",使民间文化艺人得到保护。

建立"青木川镇非物质文化遗产保护区(保护点)制度",依照不同级别将保护经费纳入各级财政预算,用于传承和保护傩戏、雕刻、羌绣、特色美食等非物质文化遗产资源,对三月三庙会、七月十五鬼神会、牛王会、马王会、文昌公庙会等地方特色浓郁原生态民风民俗进行动态的长期性保护。

(4)通过资金、宣传渠道加强对民间艺人的扶持

对青木川镇傩戏、雕刻、羌绣等民间艺人进行一次拉网式普查,从生活环境、生活习俗、声像资料等角度,为完全保留民俗文化技艺的人建立"民间艺人登记卡",录制这些民间艺人音像资料及其表演民间艺术形式,由专人负责进行推介和建档保存。采取录音、录像、文字纪录的形式收集婚嫁、丧葬等民俗文化遗存。

全面了解和掌握青木川镇非物质文化遗产资源的种类、数量、分布状况、生存环境、保护现状及存在的问题,及时向社会公布普查结果。对具有历史、科学、文化价值的趋于消亡的非物质文化遗产和重要的高龄民间文化传承人进行有效的抢救保护工作,扶持资助他们通过带徒传艺,举办相关传习班等形式培养新一代传人。

3.特色文化的传承

特色引领，传承文化，加大文化内涵的载体建设与展示利用。

（1）文物载体修复：强化现存历史遗产的保护修复，注重以实物为依托的文化展示，再现古镇文化、历史名人的芳华；

（2）文化元素应用：提取古镇文化元素，将文化内涵抽象化融入古镇装饰艺术、标识系统和环卫系统等；

（3）文旅产品开发：注重文旅产品的开发，提取并融入古镇特色文化要素，强化游客对古镇文化属性的认同感；

（4）大众媒介展示：运用文化遗产传承展示系列手段，如：推出与名人相关的历史图片展、真迹、图片、文字、视频等，并建成语音导览系统，让参观者有故事可看，有知识可学，增强可游性和可读性，传承、延续历史名人事迹；

（5）公众活动宣传：复兴传统文化活动（上刀山等），开展新型节庆活动（文创比赛等），并融入名人故事、名人诗词等；

（6）文化作品撰写：编撰相关书籍，强化古镇影响力。

4.传统产业的传承

青木川镇是明清时期三省交界处知名的商贸场镇，传统商贸产业丰富，餐饮业与住宿业形式多样，还有独具特色的青木川酿酒产业以及特色农产品兜售，其羌绣技艺及雕刻技艺同样远近驰名。基于传统产业的类型与现状发展情况提出"多元创新"与"城乡联动"策略激活传统产业的可持续发展。

（1）多元创新，激活传统产业全新生命力

创新行业领域：创新产品类型，拓展多元市场；创新产品题材，适应现代生活。

创新生产方式：探索传统工艺与现代化机械生产的结合点与平衡点。

创新经营模式：加强创新设计，主动引导市场；主动寻求新的消费市场；建立多层次、多渠道的展销网络；加强宣传与营销，增加品牌效应。

创新人才培养：社会化培训、专业教育与师徒传承方式的有机结合、相辅相成培养工艺人才；引入市场营销、策划等专业人才。

（2）城乡联动，促进传统产业可持续发展

镇区——展销窗口、贸易集聚地：对传统餐饮业、住宿业进行统一专业化管理，形成地方特色街巷；整顿规范青木川老屠家酒坊以及其他传统酒坊，开放展示传统酿酒工艺、恢复酿酒老字号招牌；在镇区以大师工作坊的形式展示销售羌绣产品及雕刻产品。

镇域——生产基地：在秦蜀古道沿线村庄建立羌绣、雕刻生产作坊，结合先进技术批量生产羌绣及雕刻手工艺品。在秦蜀古道沿线村庄建立特色农产品种植基地。（表7-1）

青木川镇传统产业活化一览表　　　　表7-1

产业区位		集聚的传统产业类型	活化手段
镇区	回龙场老街、滨河街	传统餐饮业	特色街巷
	回龙场老街、滨河街、龙延新街	传统住宿业	
	老屠家酒坊、烧酒作坊	传统酒坊	老字号
	龙延新街	传统羌绣、羌族服饰展销	大师工作室
	龙延新街	传统雕刻展销	
镇域	秦蜀古道沿线村庄	传统羌绣、羌族服饰作坊	生产作坊 一村一品
	秦蜀古道沿线村庄	传统雕刻作坊	
	秦蜀古道沿线村庄	特色农产品种植	

（三）于传承中发扬

坚持以用促保，让历史文化遗产在活化利用中成为青木川镇的特色标识和公众的时代记忆，让历史文化和现代生活融为一体，让居民更加便捷地获取公共产品、更加舒心地享受宜居生活，在保护中更新、在更新中保护，实现永续发展。

1. 品质于"三生"

（1）集约高效的生产空间

明确"文旅引领、多元融合"的产业发展方向，打造以明清古镇文化、羌文化、地域多元文化等为内核的民俗风情体验地，以茶叶、食用菌等种植为特色的生态农产品供给地，以白龙湖景区、青木古树等资源为吸引的生态休闲游玩地，构建全域"农-绿-文"融合产业生态圈。

重点实施五大策略，全产业深度融合，加强农业现代化发展，推动农文旅高维融合；全要素展示利用，推动生态资源赋能，构建全域游览线路；全领域产品开发，热推一款文创产品，形成一个标准化餐饮服务体系；全方位对外交流，线下打造实习基地，线上加大节假日流量推送，联动周边景区推出年度畅游卡和旅游专线；全覆盖的沉浸式体验，引入新潮时尚集合传统要素，强化场景化NPC，创立特色文化IP。聚焦打造一个文旅核心和向外延伸的五个旅游拓展区：

①一个文旅核心（以镇区为核心的AAAA景区）

依托现状旅游资源基础，结合镇域产业体系布局，构建以文化旅游为核心的镇区产业发展思路，规划形成"一带、两轴、六片区"的旅游发展总体结构。（图7-3）

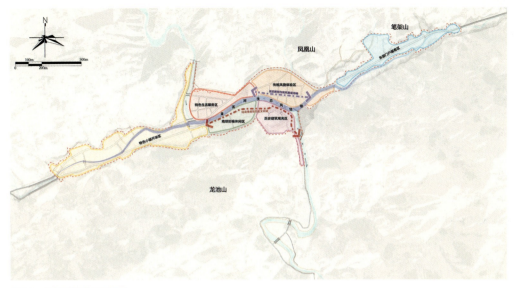

图7-3 镇区旅游发展结构图

一带：金溪河生态风情带；

两轴：回龙场老街历史文化轴、龙延新街传统风貌观光轴；

六片区：历史建筑观光区、传统风貌体验区、特色生活服务区、南坝影视休闲区、东部门户服务区、特色小镇开发区。

构建传奇历史感受集群、古镇文化体验集群、城市游乐服务集群、创意文化产业集群、民俗风情感受集群、康体养生休闲集群6大功能集群；策划特色民宿、魏氏宅院遗址公园、演艺中心（羌文化广场）、文化馆、栖凤楼、新街夜游、特色美食体验等38个重点项目；1条生态旅游廊道——金溪河生态风情带；2条特色旅游步道——回龙场老街、龙延新街。（图7-4）

②五个旅游拓展区

一片农业产业示范园：实施一批羊肚菌、茶园种植及采摘项目，夯实农旅基础；

一条生态休闲环线：实施玉泉坝生态漫步道、沿线大地景观等项目，串联镇域旅游节点；

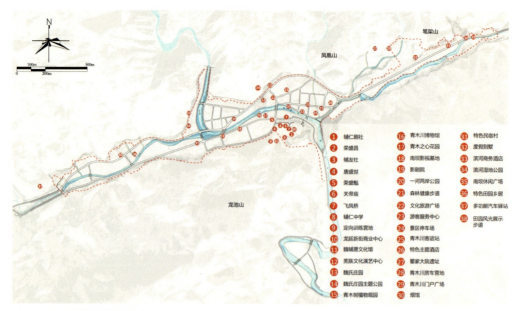

图7-4　景区重点项目策划示意图

一个大熊猫主题公园：依托大熊猫国家公园建设，完善大熊猫保护管理、科普教育等配套设施；

一处户外探险基地：严格落实国家级自然保护区、生态红线保护管理要求，合理开发户外登山、野外拓展等体验项目；

一处休闲康养基地：以南部白龙湖景区为核心打造建设集"垂钓、骑行、康养"等于一体的综合功能区。

（2）宜居适度的生活空间

补短板、提品质、优服务，提升人居环境品质。

镇域层面，推动城乡设施共建，拓宽蒿地坝至玉泉坝、青木川至白龙湖的乡道；建成青木川至宁强、汉中、广元、陇南客运服务中心；加强镇村、产业节点之间道路联通，构建全域通畅的综合交通体系。

新建蒿地坝村卫生室、南坝村文化广场、玉泉坝养老服务站等设施，夯实"文化+体育""医疗+养老"基础，实现行政村卫生室、文化站、养老服务中心全覆盖率。增补1座污水处理站，1座35kV变电站，托兰成渝中石油输气管道广坪阀室，新建管道25km至青木川为镇区沿线集中居住区供气，补齐基础设施短板。

镇区层面，推动镇区景区设施共享。新建青木川镇影剧院、体育馆、博物馆，新建东入口和游客服务中心东侧两个主题度假酒店，依托生态茶园景观建设露营地。打造龙延新街、永宁里两条饮食文化街区，围绕瞿家大院、魏氏老宅打造乡土民俗饮食餐厅。

（3）山清水秀的生态空间

镇域层面，聚焦山水生态修复。实施水系分区修复工程，划分生态区、保育区和农田区，营造优良生境；依据本地气候特征，采取雨洪管理技术调节水文。推动嵩地坝村矿山修复示范。保护"凤凰山至白龙湖、南坝至玉泉坝"两条生态廊道。

镇区层面，构建特色园林体系。以"满绿优绿、宜居舒适"为目标，优化绿地空间结构，构建"三山一水多廊多点"的绿地生态格局：

三山：依托凤凰山、笔架山、龙池山建设山体公园；

一水：建设临金溪河带状公园；

多廊：打造三条南北向绿色廊道；

多点：镇区公园广场、街头绿地等。

同时依托景区步道、滨河步道、爬山步道等构建公共慢行体系，实行部分道路交通管制，打造安全、舒适、优美的慢行系统。（图7-5）

2. 精致于"三旅"

（1）旅游

①融入区域旅游

跳出青木川看青木川的旅游发展，通过"联合、借势、差异"在区域中展现自身特色，积极融入区域旅游。

a）联合发展，共塑旅游发展形象。树立区域联动发展理念，坚持"资源共享、优势互补、相互支持、互利共赢"的原则，营造区域旅游联动发展大环境，形成区域义化旅游合作交融圈。青木川作为三省交界地，主动承担起"秦巴生态文化旅游区、九寨黄龙生态旅游区、三国文化旅游区及大秦岭生态旅游区"旅游联动发展的"重点"，加强景区及基础设施建设，增强景区与景区、景区与旅行社、旅行社与商户之间的合作，扩大旅游市场，全面促进三省旅游蓬勃发展；另一方面，将青木川与周边旅游景点串联起来，提升青木川在陕西旅游西南线（西安—宁强）以及秦巴山水自驾游线中的地位，与区域各景区（点）形成组合优势，将区域整体作为旅游吸引力因素推向市场，从而强化区域旅游整体形象。

b）借势发展，树立良好口碑。青木川西北方向有国家AAAAA级旅游风景区九寨沟，青木川是汉中一线游客前往九寨沟的必经之路，应借助九寨沟景区的巨大影响力和庞大客流，以及川陕通道间日益频繁的过境旅游客流，大力开发针对过境市场的旅游产品，树立良好旅游口碑；通过加强青木川特色旅游项目开发和配套设施建设，加大宣传力度，突出文化资源特色，提高古镇知名度和吸引力，实现青木川由旅游过境地向旅游目的地的转变。

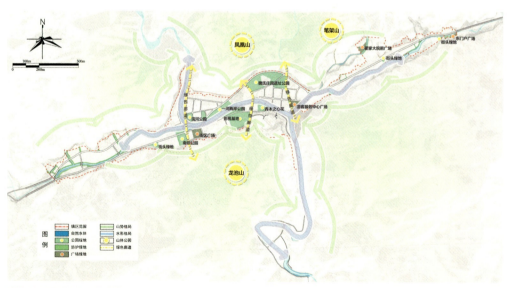

图7-5 景区蓝绿体系示意图

c）差异发展，打造全域特色旅游产品。充分挖掘青木川"陇南文化、羌文化和乡绅文化"特色，依托气候、山水和民俗文化等资源禀赋优势，加强与周边省市县的合作交流，形成青木川独特的产品差异化发展路线。青木川核心景区通过挖掘地方文化特色，重视魏辅唐人文传奇因素的串联，打造文化体验、休闲观光等特色旅游产品，利用精品产品的辐射带动周边景区发展及向山体的垂直拓展，镇域推行"农文旅"融合发展战略，构建全域游览线路，引导青木川旅游发展走向多元。

②实现三大转变

转变一：旅游属性及文化内涵的提升与延展

旅游发展应打破魏辅唐人物符号的局限性，突破《一代枭雄》影视作品对旅游发展推动的瞬时作用周期，使多年围绕魏辅唐形成的文化属性向更高层次拓展，打造地域文化内核，将其原有的旅游及文化内涵升级为中国传统文化的展示及体验功能，实现青木川传统文化的创造性转化和创新发展。

转变二：平面维度向立体维度转变

依托山体优势，将旅游发展方向由地面向山体垂直延展，实现平面维度向立体维度的转变；平面维度下以文化为主的观光体验旅游与立体维度下以山体为主的自然拓展旅游相结合，推进旅游的多维度发展，拓宽领域。

转变三：创建ＡＡＡＡＡ级景区带动全域旅游发展

积极推进青木川ＡＡＡＡＡ级景区创建，带动全域其他景点共同发展，以特色文旅为基础，坚持农旅有机结合，升级农业产业，突出生态山水功能，促进"农-绿-文"融合发展，拓展青木川旅游的广度，延伸旅游产业体系。利用全域化、地域性的农业自然环境、生态田园景观、羌风乡土文化、秦巴古镇文化等资源要素，以旅游产业作为整个镇域空间的联系纽带，形成全域旅游的发展格局。以青木川景区为核心提升改造旅游服务设施，支撑匹配ＡＡＡＡＡ级旅游景区的创建，以人民生活福祉为出发点，聚焦文化设施、体育设施、医疗设施等增补镇区、农村公共服务设施，结合海绵城镇技术完善全域村庄（社区）排水、垃圾、防灾等基础设施体系。

（2）旅程

①区域旅游线路

立足三省交界的区位优势，面向陕西省、四川省、甘肃省构建三条区域旅游线路。

陕西省：西安—汉中—勉县—青木川—文县—九寨沟（重点过境游线）；

四川省：成都—绵阳—广元—宁强—青木川；

甘肃省：兰州—陇南—青木川。

②镇域旅游线路

以生态体验和人文体验为主题，串联多种生态文化节点，打造两条镇域主题旅游线路。

生态体验游线：青木川国家自然保护区（物种寻踪、科考探险）—青木川金溪大峡谷漂流—青木川景区—大熊猫主题公园（规划）—龙池山景区—青龙峡景区—跑马场—袁家坪传统村落—白龙湖旅游风景区；

人文体验游线：秦家垭（古战场）—户外探险基地（规划）—休闲康养基地（规划）—青木川景区（回龙场、龙延新街、辅仁中学、魏氏庄园主题公园等人文景点）—玉泉坝节庆活动、传统美食体验（三月三庙会、七月十五鬼神会等）。

③镇区旅游线路

结合青木川镇现状的旅游景点和新策划的旅游项目，按照不同的景点类型组织三个主题鲜明的旅游线路。

a）历史风情体验旅游线路：回龙阁—回龙场老街—辅仁中学—青木川博物馆—羌族文化演绎中心—魏氏庄园遗址公园—文化馆—龙延新街—栖凤楼—瞿家大院。（图7-6）

线路描述：享受古镇精彩，体验民俗风情，洗涤升华身心，感受历史文化，圆梦山水之间，追寻名人足迹。

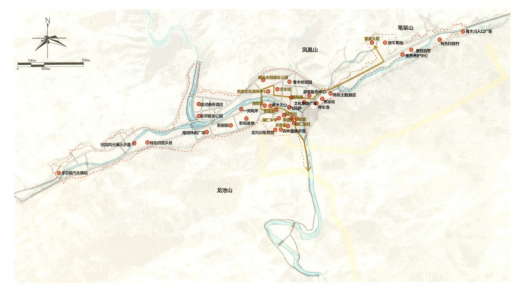

图7-6 历史风情体验旅游线路

b）古镇水韵休闲旅游线路：一河两岸公园—羌族文化演艺中心—博物馆—青木之心公园—南坝影视基地—影剧院—南坝休闲广场—滨河商务酒店。（图7-7）

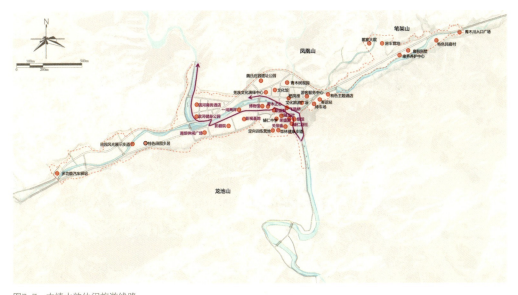

图7-7 古镇水韵休闲旅游线路

199

线路描述：滨河亲水，放松身体，自然氧吧，滨水景观观光体验。

c）生态田园观光旅游线路：特色民俗村—度假别墅—康养养护中心—特色主题酒店—飞凤桥—森林健康步道—定向训练营地—一河两岸公园—南坝休闲广场—特色田园乡居—田园风光展示步道—多功能汽车驿站。（图7-8）

线路描述：户外运动，生态体验，走出繁华都市，释放生活压力，缓解身心疲劳，体验历史文化。

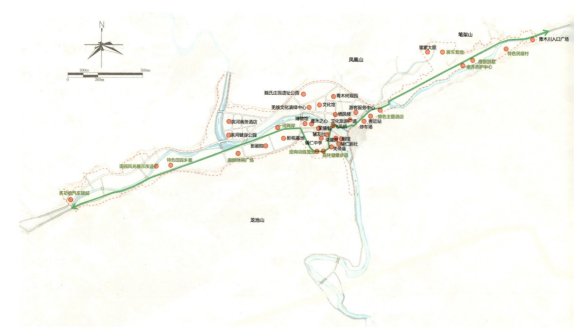

图7-8 生态田园观光旅游线路

（3）旅游服务

①创新旅游管理体制，优化全域旅游发展环境

推进旅游管理体制综合改革，是满足旅游业从单一业态向综合产业、从行业监管向综合服务升级的客观需要，也是地方政府旅游发展升级最典型、最生动的体现。基于对古镇旅游发展模式的分析，青木川镇在旅游发展中应坚持政府主导，积极引导企业参与；结合古镇打造统一的景区，实行一票制；部分旅游收入投入旅游发展和改善居民生活质量，采取入股、分红等措施引导居民参与旅游；积极保护传统村落的原真性，防止过度商业化带来的负面影响。

②对标AAAAA级旅游景区，提升旅游服务质量

提升旅游硬件配置。青木川镇区住宿、餐饮等旅游服务设施目前存在档次偏低、配置标准不足、缺乏地方特色等问题。随着旅游快速发展，需充分利用现有设施，注重服务功能综合化，满足各种细分市场多种需求。住宿服务设施应以市场为导向，合理规划档次结构，坚持高、中、低档相结合，以中档为主，满足大众旅游者的需求。高档次酒店强调多种功能的综合化。根据区位特点，发展特色住宿设施；餐饮服务设施应合理布局，规范择址，一级餐饮服务设施主要集中布局在金溪大道，二级餐饮服务设施主要分布在新街和老街。挖掘当地文化，发展特色餐饮，开发出"江湖菜"、"好汉席"、"羌人宴"等以当地原料为基础的系列菜肴。加强企业管理，加强从业人员业务培训，提高餐饮服务素质。

优化旅游交通设施。增加景区内部的观光车，考虑老人和小孩的旅游需求，设置老幼休憩点。提升青木川镇至宁强县的道路质量，减少旅游出行时间。提升青木川至四川广元的道路质量，为外省游客来青木川减少时间，拓展青木川的出行路线。

提升当地居民综合素质水平。开展景区人员素质培训等相关培训，使景区工作人员的素质得到整体提高，保证旅游接待态度文明，用语文明，平等对待，从而提升景区的整体形象。

③线上线下相配合,做好古镇旅游形象宣传

a)通过线下战略合作赋予景区新职能

建议和西安美术学院、西安建筑科技大学等签署合作协议,常设美术类、建筑类专业写生、认知实习基地;设立大师工作坊,邀请文学、书法等行业翘楚季节性留驻,开展创作、展览等各项活动;建设政府单位、公司企业文化学习基地。

b)通过线上媒体热推提升景区影响力

充分发挥传统媒体与新媒体各自优势,邀请拍摄团队拍摄形象广告,与知名自媒体平台合作,在五一、国庆等旅游黄金周,加大相关视频推送量,生动、立体地展示青木川镇旅游的整体形象,塑造旅游的良好品牌形象;与知名旅游公司合作,增加青木川的旅游线路、出台旅游门票等优惠套餐,并同步将这些特色活动及精品线路信息及时更新在青木川古镇官网和公众号平台上。(图7-9)

c)通过景区合作扩大旅游联动效应

借鉴西安经验,联合黎坪国家森林公园、武侯祠景区等汉中市主要景点,推出年度畅游年卡;旅游黄金周设置串联甘肃、四川和陕西周边主要景点的旅游专线,为非自驾游的旅客提供便捷。

图7-9 青木川古镇官网宣传

参考文献

[1] 杜建华. 城市化进程中巴蜀傩戏、祭祀戏剧的嬗变[J]. 四川戏剧，2005（4）：24-25.

[2] 高金龙等. 青木川镇志[M]. 北京：方志出版社，2016.

[3] 张强. 陕南青木川古镇传统建筑初探[D]. 重庆大学，2008.

[4] 王茜. 历史与人性的复杂：论叶广芩小说《青木川》[J]. 今日科苑，2010（2）：147-148.

[5] 叶广芩. 老县城[M]. 西安：西安出版社，2010.

[6] 崔羽，王英帆，崔栋. 文旅型小城镇可持续规划体系构建的探索与实践：以陕西省青木川镇为例[J]. 小城镇建设，2019，37（9）：97-103.

[7] [美国]芒福德（Mumford Lewis）. 城市发展史（起源演变和前景）[M]. 北京：中国建筑工业出版社，2005.

[8] 王英帆，李军社，赵卿，崔羽. 新型城镇化背景下的青木川古镇空间布局初探[A]. 中国城市规划学会. 城市时代，协同规划——2013中国城市规划年会论文集（03-城市总体规划）[C]. 中国城市规划学会：中国城市规划学会，2013：691-701.

[9] 肖竞. 西南山地历史城镇文化景观演进过程及其动力机制研究[D]. 重庆大学，2015.

[10] 田海宁. 浅析青木川古镇聚落形态特征[J]. 长春工程学院学报（自然科学版），2012，13（3）：36-39.

[11] 李根. 秦巴山地传统聚落空间特点及人居环境研究：以宁强青木川为例[J]. 四川建筑科学研究，2014，40（3）：230-233.

[12] [奥地利]卡米诺·西特（Camillo Sitte）. 城市建设艺术[M]. 仲德崑. 江苏：凤凰科学技术出版社，2017.

[13] 田延. 青木川镇公共空间保护与旅游开发规划设计研究[D]. 西北大学，2018.

[14] 刘永黎. 川西民居建筑中的模糊空间理论研究[J]. 四川建筑，2012，32（2）：60-61.

[15] 闫杰. 多元文化视野下的陕南民居[D]. 西安建筑科技大学，2007.

[16] 汤洁睿. 基于图底关系理论的汉口历史城区城市肌理研究[D]. 武汉理工大学，2012.

[17] 岳欢. 巴蜀民居建筑院落空间艺术研究——以陕南汉中青木川古镇为例[J]. 艺术品鉴，2019（23）：202-203.

[18] 刘方平. 湘中地区传统街巷空间保护与更新研究[D]. 湖南大学，2020.

[19] [日]芦原义信. 街道的美学[M]. 尹培桐. 武汉：华中理工大学出版社，1989.

[20] 罗思夕. 文化基因视角下汉中市传统村落空间特征与保护传承研究[D]. 长安大学，2020.

[21] 李平. 巴渝传统聚落空间形态结构特征识别与基因解析[D]. 重庆大学，2020.

[22] 张晶. 青木川古镇空间特征及保护策略研究[D]. 长安大学，2015.

[23] 刘倩茹. 陕南蜀河古镇空间解析及其优化策略[D]. 西安建筑科技大学，2021.

[24] 郑宏. 运漕古镇历史建筑风貌分析[J]. 中华民居（下旬刊），2014（1）：233-234+236.

[25] 朱莎莎. 浅谈中西方古代建筑的装饰艺术[J]. 艺术品鉴，2015（8）：59+83.

[26] 王治. 纪念地空间保护与展示设计研究[D]. 北京建筑工程学院, 2012.

[27] 郑爱东. 南北民居色彩运用特点及原因探析:以北京与江浙传统民居用色为例[J]. 美与时代(中旬), 2014(8): 56-57.

[28] 张骁. 陕南地区近代建筑研究[D]. 西安建筑科技大学, 2010.

[29] 黄文涛, 熊永良, 张莹, 赵真, 赵雪慧, 周琦. 川南地区民居建筑地震易损性研究[J]. 华北地震科学, 2022, 40(4): 40-49.

[30] 霍俊其. 电视剧《一代枭雄》主人公原型的创业传奇[J]. 民间传奇故事, 2014(5).

[31] 黄鑫然. 现代主义建筑反思:以苏州博物馆为例[J]. 美与时代(城市版), 2021(11): 7-8.

[32] 刘彤. 文化线路视角下的历史城镇保护研究[D]. 重庆大学, 2020.

[33] 葛孝明. 保护与发展:写给国家历史文化名城的建议[A]. 中国城市规划学会(Urban Planning Society of China). 2004城市规划年会论文集(上)[C]. 中国城市规划学会(Urban Planning Society of China):中国城市规划学会, 2004:412-416.

[34] 张彦琴. 渭源水磨群保护与开发利用工作略谈[J]. 文物鉴定与鉴赏, 2022(13): 22-25.

[35] 张睿婕, 周庆华, 高元. 关中传统村落活态性评价模型构建[J]. 小城镇建设, 2022, 40(01): 51-58+83.

[36] 殷志娟. 美丽城镇建设中历史文化传承的"标准"与"特色"[J]. 中国标准化, 2021(S2): 150-154.

[37] 戴振. 基于文化消费的袁家村旅游商业空间生长模式研究[D]. 西安建筑科技大学, 2017.

后记

2012年,我第一次走进青木川镇,是很惊喜的。一条古街横卧在天地间,落雨时,细密的雨串如珠帘般顺着屋檐坠落,青石板街上雾色蒙蒙,空气微凉,幽亮的纸灯笼在远方摇曳,人影幢幢,恍若世外之境,更如梦中的场景照进了现实。

自此,便与她携手十年。

其实,很难做到为一个小镇持续提供十年以上的规划服务,但我和我的团队能够有幸见证青木川这十年的城镇规划和建设历程,除了地方发展的实际需求外,我想这更多的是一种缘分。2020年,在规划院的支持下,秉持着这份情怀和难得的工作经历,团队决心将青木川镇的发展历程总结记录,镌刻于案。

书稿初期,一直努力跳出这十年的规划思维,以一名普通读者的身份,重新审视这座在历史雕琢下的古镇。我们希望无论是规划专业的还是非专业的读者在看完这本书后,能够对青木川镇的历史文化、空间特征以及保护传承的相关措施有所了解。在对历史文化及古镇空间的梳理分析中,我们尽量做到细致客观,尊重现状,让读者看到那些深埋在历史长河中的遗存,品味一段传奇。在时代发展的浪潮中,青木川镇的掌舵者始终坚持在保护中发展,在发展中保护,守住"一座隐逸传奇的古镇、一池意韵温婉的水色、一片绿野葱茏山景",有越来越多的人看到这里,来到这里,喜欢这里,同时通过不断发展与建设,留住原住民,留住游客,留住情怀与风骨。

书的成稿，经历了漫长的打磨，才将关于这座古镇的十年见闻和思索进行沉淀。因此，感谢这些年参与过青木川镇各类规划项目的技术人员，感谢你们的付出与智慧，感谢全体参与书籍编写的成员，感谢你们的深耕与严谨，同时也感谢院里及镇上的各位领导，感谢你们的支持与协助。孟子有云："学问之道无他，求其放心而已"，愿我们能做到不忘初心，百尺竿头。

十年，于我个人而言不算短，但对于一个古镇来说，大约只是沧海一粟，庆幸的是，我们于冥冥之中认识她，并用自己的专业知识为她的前进提出一些建议，遗憾的是，那些思考也许还不够成熟，不能以远见超越未见。《世说新语》中言道："会心处不必在远，翳然林木，便自有濠濮间想也，不觉鸟兽禽鱼自来亲人"，而我们竭诚想要让所有人看到与感受到的，不过就是这样的一处美好罢了。

最后，一首原创诗词献给各位读者：

江城子·青木川[1]

秦陇毓秀锦带藏，寻蜀羌，隐墨香，悠悠青木，忆昔日辅唐。饮马龙池劲尚在，经流年，破晨光。

日暮凭栏独相望，古韵芳，清幽廊，雕梁画栋，宛若江南巷。小镇曲水自流觞，桃源里，青川唱。

是为之记。

王英帆
2023年1月·西安

---

[1] 作者为崔羽。

图书在版编目（CIP）数据

青木川古镇 / 史怀昱主编；王英帆，汪洋副主编；陕西省城乡规划设计研究院组织编写.—北京：中国建筑工业出版社，2022.11

（陕西历史文化名镇系列丛书）

ISBN 978-7-112-28231-9

Ⅰ.①青… Ⅱ.①史…②王…③汪…④陕… Ⅲ.①乡镇-概况-宁强县 Ⅳ.①K294.15

中国版本图书馆 CIP 数据核字（2022）第 240325 号

责任编辑：费海玲　张幼平
书籍设计：康　羽
责任校对：赵　菲

陕西历史文化名镇系列丛书
青木川古镇
史怀昱　主　编
王英帆　汪　洋　副主编
陕西省城乡规划设计研究院　组织编写

*

中国建筑工业出版社出版、发行（北京海淀三里河路9号）
各地新华书店、建筑书店经销
北京雅盈中佳图文设计公司制版
北京富诚彩色印刷有限公司印刷

*

开本：889毫米×1420毫米　1/32　印张：$6\frac{3}{4}$　字数：182千字
2023年3月第一版　2023年3月第一次印刷
定价：**98.00元**
ISBN 978-7-112-28231-9
（40188）

版权所有　翻印必究
如有印装质量问题，可寄本社图书出版中心退换
（邮政编码 100037）